方旭东 著

《跑者世界》专栏作家

跑 步 笔 记

人民邮电出版社

北 京

图书在版编目（CIP）数据

跑步笔记 / 方旭东著. -- 北京 ：人民邮电出版社，
2019.7
ISBN 978-7-115-51312-0

Ⅰ．①跑… Ⅱ．①方… Ⅲ．①健身跑—基本知识
Ⅳ．①G806

中国版本图书馆CIP数据核字(2019)第095439号

内 容 提 要

你读过的书，都会成为你的知识积累；你跑过的路，则会成为你身体的沉淀。跑步是一种生活方式，可以健康身体，愉悦心情，结交朋友，扩宽视野。本书作者是《跑者世界》的专栏作家方旭东先生。从如何鼓励自己开始跑步，到监督自己坚持跑步，再到享受跑步并带动身边的人加入跑步；从开始跑步的注意事项，到跑步中的技巧方法，再到如何成功地站在马拉松的跑道上并完赛，作者都进行了详细介绍，致力于帮助在犹豫是否要跑步的人加入跑步，已经开始跑步的人更好地跑步，一起体验跑步的乐趣。

◆ 著　　　　　方旭东
　　责任编辑　　林振英
　　责任印制　　周昇亮

◆ 人民邮电出版社出版发行　　北京市丰台区成寿寺路 11 号
　　邮编　100164　电子邮件　315@ptpress.com.cn
　　网址　http://www.ptpress.com.cn
　　北京虎彩文化传播有限公司印刷

◆ 开本：700×1000　1/16
　　印张：12　　　　　　　　2019 年 7 月第 1 版
　　字数：183 千字　　　　　2025 年 3 月北京第 11 次印刷

定价：48.00 元

读者服务热线：(010)81055296　印装质量热线：(010)81055316
反盗版热线：(010)81055315

推荐序一

文 / 白岩松

一

是在什么情形下与方旭东第一次见面，已经想不起来了，但第一次踏上长跑的路程却很难忘记。

那是好几年前的除夕下午，家人都在做年夜饭，自己帮不上什么忙，看天气又好，换上了一双运动鞋，在小区里跑了一圈。一共 1.4 公里，刚开始没多久就"撞了墙"，中间也怀疑过人生，跑完后嗓子发干，但却非常有成就感，那个除夕夜好像因此过得比往常更开心一些。

很多年后，回头一看，除夕是一年的结束，对于我却是长跑生涯的开始，那是一条全新的起跑线。

我跑步首先还真不是为了减肥，甚至第一目标都不是为了健康，而是一直喜欢运动，喜欢出汗；后来越跑越开心，反过来促成我越跑越远。自己以前一直玩的是短跑，年轻时也拿过不少第一第二，也破过一些身边的纪录，但短跑是要赢别人，而长跑却是要赢自己，赢自己与赢别人相比，有趣多了。人生漫长，总会有你赢过输过的对手，一转眼就消失不见，但你自己却永远在这里。面对自己，你偷不了懒，一停顿一松懈就迈不过你自己这个坎儿，这可能是长跑给人最大的启示和动力，你可以和千万人一起在跑，但归根结底，你只是和自己在跑，你需要超越的只有自己。

也正因为如此，自从那个除夕下午之后，我就再没停下长跑的脚步，从 1.4 公里到两公里到五公里，直到十公里，每周跑个四五天，每次六七公里，跑步走进了我的生活，也扩宽了我的生活，也就有了后来与方旭东的相识。

二

自然是因为长跑才与方旭东相识的。没多久我就看出来，旭东是个天生的跑者，这绝不仅仅因为他那出生于山东青岛的体格，还在于他乐在其中乐此不疲的快乐感。跑短距离或跑长距离，我没见他疲惫过，尤其是精神上似乎永远是快乐的，在北京跑或在其他地方跑，在不同的赛道上跑，我几乎没见他不开心过。如果仅仅如此，他还只是一个优秀的跑者，但最该夸赞他的地方是：他是我见过的最棒的能带动其他人跑步的人。

工作的岗位与性质决定了他要带动更多的人走进长跑的队伍，或者走进运动的行列。但我猜想，不管做其他的什么工作，他也会开心地带动别人跑。记得在头几次一起跑的时候，他总是主动带大家做跑前的拉伸，既专业又热情，更有感染力，几分钟过后，沉闷的跑群似乎就欢愉起来，这也让我对旭东有了新的认识。

和他在国内的一些地方跑过不少次，他自己参与的更多。但以我切身的体会能感受到，不管他和谁在一起跑，一定是别人慢的时候他也会慢，别人快的时候他也会自然地快起来，不会让你有压力，却常常让你有动力，这是一个好的陪伴者和引领者才会有的表现。一个好的个体跑者，是为长跑的事业做加法，但是一个好的陪伴者和引领者，却是为长跑事业做乘法，因为他会帮助更多的人走进长跑的队列之中。旭东过去的行为和现在摆放在您面前的这本书，都是在做着这样的乘法。

三

打开这本书你就知道，方旭东其实是个文艺青年。字里行间，他读过的书、看过的电影、遇到的人、聊过的话题、想过的方向，伴随着跑步的脚步，一一被铺陈在跑道上。因此让人一边看一边会想，方旭东在谈论跑步的时候究竟在谈论什么？

其实跑步何尝不是一种很文艺的行为。写跑步可能在写健康，但更可能是在写时间、写自由，写与繁琐生活的抗争，写从沉闷日子里解脱的方法，写一种更开阔的人生。对了，跑步就是人生！其中的磨炼也慢慢塑造着你的性格。跑步也是一种激活人生的方式，它如同读书一样，其实是对自己的一种阅读，慢慢就读出了更好的自己。所以，无论是方旭东或者谁在写跑步，何尝不是在写一种更理想的人生和世界呢？

四

我知道方旭东越跑越多，越跑越远，甚至超过了百公里的越野。比这更进一步的是，他给自己定了一个小目标：用一年的时间坚持每天最少跑两公里。一年365天，他居然克服了很多的困难，完成了。我一方面要为他点赞，另一方面又劝他解脱，要破一种执着。跑步真正的魅力在于自由，在于想跑就跑。任何距离，任何对越来越短时间的要求，其实都是一堵墙，会拦着更多的人走进跑步的世界。在我看来，百分之百的人都能跑，其中99%的人只需要一次跑5到10公里，一周跑个三五天，那就是最好的人生。我相信旭东也明白这个道理。激励过自己，设立的目标也完成了，那就该走向更自由的大方向。跑步不难，难在出发，只要跑过了三四百米，脚步就开始变轻，风就开始变柔，目标就变得没那么重要了。要想跑得久，就要跑得慢；要想一直跑下去，就要兴奋于每一次出发。终点以及到达终点所需要的时间，从来不是衡量跑步的最重要指标。我期待方旭东的这本书是为您鸣响的发令枪，只为让您从今天开始就站在跑步的起点上。跑步与终点无关，就如同人生终点只是一种冷冰冰的结束一样，一路上包含的酸甜苦辣，才是人生的全部意义。

放下这本书之后，站到您的起点上吧。请相信，从此人生将变得不同。

推荐序二

文 / 张路平

这里集结的是旭东近年来的跑步随笔，其中一部分在我曾担任总编辑的《跑者世界》上发表过。这本书的出版，颇具象征意义，它以个人化的写作方式，记录了中国体育的深刻变迁。

在中国体育史上，作为转折点的年份有很多——1974 年、1984 年，但对当今生活影响最大的无疑是 2008 年。北京奥运会不仅是中国完胜的竞技场，更是一道分水岭，此后，中国体育由竞技独大而"竞""群"齐飞。甚至，大众对奥运金牌的聚焦逐渐弱于对自身健康的关注。

十年间，全民健身大潮中一个无与伦比的现象是跑步运动的兴起，有数百万之众的跑族出现了。"马拉松"早已超出了体育的范畴，它是中国社会史、生活史的重要构件，是最显著的社会文化现象之一。在拥挤的跑道上，我们看到了一个民族表情的改变，背后隐藏的是社会的进步和价值取向的改变。

中国田径协会马拉松办公室（现改名为社会活动部，俗称"马办"）是这场大潮的操盘者，是跑族的大家长。它推出的一系列平等而非高高在上的合作，以及突破性的组织办法，极大地动员起跑族的各个方面军——地方政府、赛事运营公司、装备制造商、赞助商、媒体、跑团、志愿者——义无反顾地加入到共舞的行列。若从体育产业发展的角度去考量，"马办"撬动了一个超百亿级的大市场。

在这场宏大叙事中，有一个人，既从理论的高度前瞻性把握，又亲自以脚步丈量跑道，深入到各种各样的马拉松赛事中，体验各方的甘苦，为决策提供翔实的依据。

他就是本书的作者。第一次见到旭东，是 2013 年在湖南湘潭；记得他说，除了传统的马拉松外，各种形形色色的跑步活动也正在兴起，比如万科的欢乐跑、IMG 的彩色跑等，这只是一个时代的开端。他话不多，但每一句都体现着对情况的稔熟和洞察。那时候《跑者世界》刚引入中国不久，我一直想找一个可以媲美国外的专栏作者，既有切身跑步体会，又能在理论上拔高一下。试邀了几个名人，都不算满意。作为多家杂志的总编辑，只要听对方说上三句话，我就基本能判断出他能写出什么样的文章，于是我不失时机地邀旭东开专栏，他说可以试试。这一试就是五年。

甚至在我 2017 年离开《跑者世界》后，双方的合作还在继续，此外，他还经常在其他媒体撰写关于跑步的文章。杂志的专栏不必体现高深的学术造诣，而只是在江湖和庙堂之间找到恰当的平衡点，这一点他掌握得非常巧妙，每每从跑步中一个小的见闻切入，以缜密的逻辑和夹叙夹议的文字娓娓道来。隐藏其后的，是他勤于观察、敏于思考、擅于总结的良好习惯。

跑步的宣传员和发动机，是他社会身份的另一大标签。几乎每一个来自不同领域的朋友，都被他"忽悠"成了跑族的一分子，或参与比赛，或办比赛，或赞助比赛，我也是。甚至经过他的多次特训后，我在 49 岁生日当天，踏上了 2013 年北京马拉松的跑道。

我挑战马拉松的最初动因是 2012 年秋天赴美商谈《跑者世界》的版权事宜，并接受培训，美国版总编辑大卫·维利问我平时是否跑马，我有点窘地说"没有"；他脸上顿时浮现出异样的表情，那意思应该是，一个不跑步的总编辑，怎么能知道读者真正需要的内容。但即使如此，马拉松于我也太天方夜谭了。真正的转折点来自奥森的一次训练。那时候我对奥森还不熟，南园、北园，南园北门、北园南门，空间感很错乱；本来说是练 10 公里，结果由于找不到停车的那个门，绕来转去，生生拉了 15 公里甚至以上。我后来怀疑，这是方教练"蓄谋"的训练技巧。被这样拉了几次后，用数学朴素地算了算：一次 15 公里，半马不过是再加 7 公里，全马不过是两个半马，咬咬牙就能扛过来。然后居然就报名北马了。

从天安门到鸟巢，我一路上多次想放弃，但在路边观众敬佩的眼神中没有勇气做逃兵。好在没放弃，不然怎么会看到终点的风景。跑步的高潮体验是冲过终点的一刻，当你蹒跚地踏过计时毯，接受观众的喝彩时，仿佛躯体深处释放出一种东西，让你眩晕。路途中迈步的艰难早已置之脑后，一切都值了。你会觉得世界变了。其实世界没变，变的只是你的感觉。其实人生，好也罢坏也罢，活的就是一种感觉。

深一步想，跑步是一种身份代偿的工具，帮助自己重建自信和尊严。跑步由健身始，但随着对个人行为方式和思维模式的严重渗透，最后演变为一种新的生活方式，其根本特征就是无须旁人喝彩地挑战个人极限。42.195公里，就是这样一段旅程，付出了最大努力，忍受孤独和寂寞，不抱怨，不放弃；当冲过终点，甚至日后想起时，连自己都会被反复感动。

就个人，跑步算是精神修行之一种；而就中国体育，已很难想象少了这几百万的跑族会怎样。

十年，中国体育经过不断改革，已切换到一个全新的操作系统，更亲民，更关注个人健康，更贴地气，跑族至少是建立这个全新系统的推动者。

十年，属于跑族的小天地，也属于社会大时代。我们习惯于从个体感受中去判断得失，但只有从全景的角度去认识过去，才可能赢得未来。旭东的这本书，隐藏着关于未来的答案。

前言：献给所有想要跑步的人

这是一本酝酿了，更确切地说，是拖了四五年之后才完成的书。吴晓波在"预见2018"年终秀的开场白中提到了人生的四种相遇，这本书应该就是第五种，刻意也好，随性也罢，从张路平老师提议到白岩松老师起书名，这本书就这么来了。

从2004年第一次参加北京马拉松半程项目开始，没有想到跑马拉松已经陪伴我走过了十几年的历程，从青春期到中年油腻未腻，跑步已然成了跟吃喝拉撒睡一样的生活习惯。与此同时，随着国家经济社会的高速发展，跑步，特别是跑马拉松已经成为一种时尚和风潮，这在十几年前是完全不敢想象的。还记得当年跑马拉松时，不少朋友都会抛出"你怎么会喜欢这么无聊的项目""42.195公里得绕操场多少圈""你在跑马拉松时脑子里想什么"等问题，让我无法回答，索性微笑应对。应该是从2009年起，北京奥运会后，感觉跑步的人慢慢多起来。2012年前后，伴随着地产圈、海归圈的不少大佬的"卖力宣传"，跑步的人越来越多，赛事和活动也开始雨后春笋般涌现。根据中国田径协会的数据，2017年全国各地举办的马拉松及相关运动赛事（800人以上规模）达到1102场，参赛人次近500万。与跑步相关的各项产业也发展起来。就跑步图书而言，已经翻译出版了不少国际上的关于运动训练等内容的专业图书，可以说，如果你想科学跑步，一定可以找到适合自己看的。

我为什么还要写这本书？

我的感觉是，目前关于跑步的图书中，翻译国外的居多，而且主要集中在训练方式上。跑步图书卖得最好的名单里，一定会有村上春树的《当我谈跑步时我谈些什么》，他把跑步中产生的各种思考"絮絮叨叨"地记录了下来，从跑步这一运动中给了读者去剖析他的视角。但这类图书较少；其余的关于训练的图书适合已经开始入门的跑者学习，也就是说，上面提到的 500 多万已经跑起来的跑者都可以从中获益良多。但是比起庞大的人口基数来说，参与跑步运动的人还是很少的一部分。绝大多数的人对跑步还是处在"提到径赛，他们甚至露出一脸吃惊的样子，当成笑话一样地说'要跑 5 公里？那不就得一直绕着操场转圈圈？'"的状态，或者说"我连 1000 米都跑不下来"，听说马拉松要跑 42.195 公里，这更直接打消了其可能刚刚涌起的想要参与跑步运动的一丝念头。

决心是成功的开始。无论是觉得自己从小没有运动细胞也好，还是没时间跑步也好，其实都是借口，这个借口的背后就是"我还没有下定决心"。生活中有太多的案例，因为身体每况愈下而不得不跑步之后，所有的借口都不攻自破，甚至在慢慢开始感受到跑步的益处和乐趣之后，会拿着当初的借口作为自嘲的段子。万科的郁亮先生在 45 岁生日时，给自己定了三个目标，其中一项就有跑全马。他通过跑步减肥 25 斤，全马跑进 3 小时 20 分以内，并开始推广"乐跑"这一理念。他曾经提到，不跑步的借口有三个：伤膝盖、忙、不够睡。伤膝盖是懒人思维，一个再忙的人也会有时间生病的，睡眠不在时间而在质量，管理好自己体重的人才能够管理好自己的人生。

这本书就是想让大家下定决心，或者使心底燃起的微弱的跑步想法不断增强的书。也就是说，主要针对那些从来不跑步，刚刚准备想要跑步的人。这里面的文字绝大多数都是过去几年我在《跑者世界》及新媒体的专栏基础上加以完善而成的，有关于跑步意义的探讨，有关于如何跑步的不成体系的碎片式的研究，有身边的一些励志的、我认为可以带来一些思考的跑者故事，还有一些关于跑步的记录和思考。这是一本写自己、其实更是写"我们"的关于跑步的"碎碎念"，如果能对你下定决心跑步起一点帮助，那就是我最大的欣慰了。

我要感谢很多人，正如跑步一样，"虽然它本身是必须自己一个人孤单向前的行为，但它真正的意义是隐藏在其中的那一股将你与伙伴连结起来的力量"。我不一一列举要感谢者的名字，因怕漏掉每一个在我跑步过程中出现过的人。哪怕是在赛道上擦肩而过时的一句"加油"，都可能给了我莫大的感动。

跑步到底有什么意义？跑步到底与什么有关？这一切的答案，都需要你自己跑起来去找寻。

方旭东
2018 年于北京

目　　录

RUN

NING

　　或许，此刻你刚揉了揉惺忪的双眼，披星戴月地赶往自习室去筹备考研；或许，此刻你步履匆匆穿行在早高峰的地铁通道上，赶着去上班；或许，此刻你正遇到人生中的一道坎儿，备受煎熬，感觉就要撑不下去了……有太多酸甜苦辣的"或许"，你不可以选择逆境或顺境，但是你可以在逆境或顺境中选择。"如果你想聪明，跑步吧！如果你想强壮，跑步吧！如果你想健康，跑步吧！"所以，奔跑起来，去享受大汗淋漓的畅快，去阅读时间和生命，去遇见那个独一无二的最好的自己。

以跑步之名，向生命致敬

　　先从一个希腊士兵和一个数字的故事说起。

　　相传在公元前 490 年 9 月的一天，波斯大军横渡爱琴海，在雅典郊外的马拉松（源自腓尼基语"marathus"，意为"多茴香的"）平原登陆。处境险恶的雅典，派斐迪庇第斯日夜兼程去 200 多公里远的斯巴达城邦求助。斐迪庇第斯在 2 天时间内跑了 240 公里到达斯巴达后，却被以月未圆不能出兵为理由拒绝。后来，雅典军奋勇应战，在马拉松平原打败波斯军队，赢得马拉松之战。为了把胜利消息迅速告诉雅典人，斐迪庇第斯负伤跑了 40 公里，在说出"我们胜利了"之后倒地不起，他用生命的奔跑给雅典人带去了光明。1896 年，现代奥运之父顾拜旦听取了学者布里尔的建议，在奥运会田径比赛中设置马拉松比赛，采用的是昔日斐迪庇第斯所跑过的路线，从马拉松至雅典，全程约 40.195 公里。当时雅典只有 13.5 万人，而观看马拉松比赛的竟达 10 万人之多。当身穿浅蓝色背心的希腊选手路易斯第一个冲进运动场时，全场雀跃，欢声雷动。希腊王储不由自主地跟着路易斯一起跑完了最后一段距离，而国王乔治一世也步下观礼台，亲自迎接这位凯旋的英雄。

　　此后十几年，马拉松的距离一直保持在 40 公里左右。1908 年第 4 届奥运会在伦敦举行时，为方便英国王室人员观看马拉松比赛，特意将起点设在温莎宫的阳台下，终点设在奥林匹克运动场内，起点到终点的距离经丈量为 26 英里 385 码，折合约为 42.195 公里。国际田联后来将该距离确定为马拉松比赛的标准距离。从此，

42195 这个神奇的数字伴随着马拉松和跑步这项运动在全世界各地广泛开展。

之所以讲马拉松的故事，是因为在一个国际群众体育工作会议上，在与来自澳大利亚、马来西亚等国家的体育界意见领袖和专家学者交谈各国体育运动开展情况时，我们不约而同地提到了跑步。亚太群体协会副主席萨吉先生询问大家跑步的起源，日本神户大学教授山口先生提到这个故事。从起源开始，话题又不断涉及跑步装备、品牌赛事、跑步文化、运动康复等，大家也分享了个人的跑步心得，跑步之火，全球如此。

当我提到中国的马拉松赛事越来越多的时候，大家的兴趣一下被激发，纷纷要求介绍近两年跑步运动在中国的开展情况。

跑步在中国到底有多火？

仅以马拉松为例。1981 年，在中国举办第一场专业马拉松比赛时，仅有百余名选手参赛。随着经济社会的不断发展，人民生活水平日益提高，人民群众的闲暇时间逐渐增多。借助筹备和举办北京奥运会、残奥会等大型综合性体育赛事的机遇，国家大力推行《全民健身条例》和《全民健身计划》，从场地、组织和活动方面给广大群众创造良好的条件。况且以马拉松为代表的长跑健身方式简单易行，不需要专业培训，不需要专门场地，不需要特别的器材，老少皆宜，是最简单、最经济、最便利、最时尚、最有效的健身方式，自然成为健身的第一选择。

根据 2017 年中国马拉松年度盛典发布的数据，截至 2017 年年底，全国举办马拉松及相关运动赛事（路跑赛事 800 人以上规模，越野跑赛事 300 人以上规模）达1102 场，参赛人次近 500 万。其中，中国田径协会认证的 A 类赛事 223 场，B 类赛事 33 场。全年马拉松及相关运动直接从业人口数 72 万，间接从业人口数 200 万。年度产业总规模达 700 亿元，对比上年同期增长约 20%。中国田径协会设置的发展目标是到 2020 年，全国马拉松规模赛事超过 1900 场，其中中国田协认证赛事达到 350 场，各类赛事参赛人数超过 1000 万人次，马拉松运动产业规模达到 1200 亿元。

这是一个崭新的时代。

托尔斯泰曾说："在每一个历史时期，在每一个人类社会，都有一种对生活意义的崇高理想。"跑步成了这个时代的理想之一。近两年来，跑步以迅雷不及掩耳之势在神州大地流行开来，除了上面说到的马拉松，各种欢乐跑、颜色跑、越野跑、家庭跑以及综合性赛事中的跑步活动遍地开花，各种跑步组织和团体不断出现，媒体高度关注，社会各界人士广泛参与，民间达人层出不穷。跑步，成了狄更斯所谓的推动时代车轮前进的动力之一。

来自日常生活的变化更是悄悄地见证着这一切。不知从何时开始，身边的朋友开始在微博和朋友圈秀跑步装备，建跑步群打卡，汇报每天的跑步记录，分享跑步心得，不断为一个个 PB（个人最佳成绩）欢呼雀跃。各种跑步比赛不再关注几乎清一色的黑人选手在两个多小时的时间里的你争我夺，而是亲身参与其中，并在获得的赛事奖牌上留下自己的牙印。现在，不跑步，不打卡，不参加比赛，自己都不敢说是这个时代的人。

跑步为什么这么火？换言之，为什么要跑步？很多以"天气不好、没时间、从来没跑过、身体承受不了"等原因而不愿意跑步的人经常会问到这个问题。在他们看来，跑马拉松简直是自虐，跑步者就是触犯众神受到惩罚的西西弗斯。当年诸神为了惩罚西西弗斯，便要求他把一块巨石推上山顶，而由于那巨石太重了，每每未到山顶就又滚下山去，前功尽弃，于是他就不断重复、永无止境地做这件事，西西弗斯的生命就在这样一件无效又无望的劳作当中慢慢消耗殆尽。跑步者也是如此。

是这样的吗？跑步者需要做出回应。

如果从马拉松的起源来看，出于对斐迪庇第斯的敬仰和对生命的敬畏，这是一个很严肃的哲学问题。两千多年前古希腊的山岩上就刻下了这样的字句："如果你想强壮，跑步吧！如果你想健美，跑步吧！如果你想聪明，跑步吧！"可见跑步有"文明其精神，野蛮其体魄"的重要作用。现代人们对于为什么要跑步有了更多的认识和思考，每个人都有不同的答案。日本作家村上春树在《当我谈跑步时我谈些什么》一书中做了分享，他用细腻的文字把跑步过程中的细微、缥缈、复杂、纯粹的念头一一捕捉，用文字涓涓流入心扉："我能感受到非常安静的幸福感。吸入空气，吐出空气。呼吸声中听不出凌乱。""我是我，我也不是我。这样觉得。那是非常安静的，静悄悄的感觉。所谓意识并不是什么了不起的东西。"村上春树通过跑步完成了自我修行。

《跑步圣经》的作者乔治·希恩对这个问题的答案是：身体也有"思维"，跑步使我们成为艺术家、英雄或者圣人，跑步使你回到童年，跑步使你独一无二，跑步使我们找回自我。希恩认为人们通过跑步会意识到，"有一天他终究会醒悟，他所看到的也不仅仅是单纯的运动规则，而是它所带来的情感与真理，同时这种情感和真理会让人类真正地从自身束缚中解脱出来"。

说着说着就有点玄秒，跑步似乎成了一种仪式，通过跑步成就自己，直面内心，达到释放和自由的最高境界。

拉回到现实，或者说回到身体层面继续讨论为什么跑步这个问题。"生命在于运动"，跑步的好处可以从身心两方面来解释。从身体上说，科学、符合自身身体状况、系统的跑步可以帮助减掉多余的脂肪塑造体形，可以减缓衰老，可以调节心血管和呼吸，可以缓解压力，可以提高免疫力。从心理上说，首先就是"跑步者高峰体验"。长跑运动员都有过一种普遍的体验，跑了很久以后会出现"撞墙"的感觉，即身体不断传递一个信号"放弃，我不想跑了"，有经验的长跑运动员就会坚持住，继续跑，过了那面"墙"，分泌的内啡肽让身体感受到一种发自心灵深处的战栗、欣快、满足、超然的情绪体验，而且不会那么累，会更加自信。一旦有过此种体验的跑者，往往从此深爱跑步不能自拔。当然，跑步还有很多心理层面的功能，如可以让人感受到来自同伴的关爱，对于集体主义和团队精神的养成都有重要的作用等。

跑步需要注意什么？

虽然跑步对身体好处很多，而且简单易行，但是也需要注意很多事项，如不能过度超负荷奔跑、要注意跑步的姿势、要防止受伤、要有合适的装备等。此外，对于网络上传播的各种跑步知识，还是需要有鉴别地接受，每个人的身体素质不一样，运动能力不一样，起点也不一样，不要迷信和追随某些时髦的训练方法和手段，而是要因人而异，听从自己身体的声音，疲劳了就要休息，有疼痛就要治疗，切忌硬撑着去追求更持久的时间和更长远的距离，最终伤害身体，得不偿失。

在科学跑步这一点上，我们还有很长的路要走。希望未来能有更多的跑步场地、组织和赛事活动，希望体育产业界提供更好的装备，希望专家学者能够提供更科学的训练计划和康复手段，希望媒体，尤其是专业杂志能够提供更丰富的资讯，最终的目的只有一个，就是希望每一名热爱跑步、参与跑步的人都能够健康跑步，快乐跑步，享受美好人生。

而这一切，都以跑步之名。

仅此而已。

追随内心，燃烧你的小宇宙

　　2015 年 7 月是一个难忘的月份，在那个月，我参加了贵阳马拉松、旧金山马拉松和张掖百公里越野赛，身心经受了严峻的挑战。不少跑者会说，够"任性"的，但是跑步就是一种"毒药"，跑多了，就会有"世界很大，我想去跑跑"的冲动，就有"用脚步丈量城市"的冲动。这一切，都是因为"追随内心"。

　　19 世纪末 20 世纪初美国小说家杰克·伦敦在自己的代表作《热爱生命》中记述了一个悲壮的故事。一个美国西部的淘金者在返乡的途中，越过一条小河时扭伤了脚腕，他的伙伴无情地抛弃了他。他独自在荒原上寻找着出路，就在身体非常虚弱的时候，遇到了一只生病的狼。这只病狼跟在他的身后，舔着他的血迹尾随。两个濒临死亡的生灵拖着垂死的身躯，在荒原上互相猎取对方。为了活着回去，他挖掘了强大的内心力量，咬死了狼，喝了狼的血，最终获救，生命放射出耀眼的光芒。

　　关于跑步、关于跑者的故事，虽然没有小说主人公遇到的境遇这么恶劣，但相同的却都是在挖掘自己的内心力量。

　　故事之一是张路平老师。路平兄已过"知天命"的年纪，加上平时工作繁忙，前几年断断续续很难保证训练。但是从确定参加某一年的北京马拉松后，他开始很认真地跑步，每天风雨无阻，跑步量已经超过几千公里，从北马到普吉岛马拉松，都顺利完赛。不知道路平兄内心定了什么计划和目标，但是我看到他在朋友圈里晒出的在普吉岛马拉松时和一个完成百个马拉松的老兄的合影，基本也猜到了一二。他就是追随自己的内心，坚持不懈地朝着目标去追求和实现。

　　故事之二是刘华伟先生。这位少年时代的田径高手，大学时代的足球爱好者已经十几年未跑步。在某次参加上海跑步节时，我鼓动他加入跑步的行列。他有点犯难，说："我已经好多年没跑步了，跑一二公里都感觉喘不过气，可以吗？"我"忽悠"道，"你想改变自己，遇到最美好的自己吗？如果你热爱生活，那就问问自己的心，然后就去跑。"在接下来的一个月，他已经慢慢跑了一百多公里，从最开始的 1 公里吃力，到 5 公里很轻松。他告诉我，跑步让他思考人生，和自己对话，同时也"遇见最好的自己"。更为重要的是，他把自己的这个改变和大家一起分享，带动身边更多的人加入到了跑步的行列中来。

寓言家伊索曾说过"应该注重内心"，美国著名的人际关系学大师卡耐基更进一步说，"永远要记住，你的心灵就是你一生的宝藏，你要不断地挖掘它"。拍拍胸口，听听心脏跳动的声音，挖掘自己的内心，小宇宙燃烧起来，然后就出发吧。

追随内心，燃烧你的小宇宙。一定可以遇见最好的自己。

找寻自己，做自己的榜样

"几处早莺争暖树，谁家新燕啄春泥。"彻底告别寒冷的冬日，迎来温暖的春日时光，无论整个冬季都在挥洒汗水，还是蛰伏许久等待恢复，每年的 3 月份，绝大多数跑者都将踏上属于自己的赛道，开启新一年奔跑的模式。

为什么要跑步？《华严经》中有一句话，叫"不忘初心，方得始终"。回想学生时代，开始跑步是很偶然的事情，当时就是为了保持体形，提高身体素质，体验那种运动出汗后来自身体的愉悦。后来跑多了，慢慢地开始追求成绩，和其他人比较，别人跑了多少，我跑了多少，下次我要超过谁谁谁等。大学有一段时间自己曾经短暂放弃过跑步，回想起来，竟然是因为一位同学的跑步成绩比自己好，无论如何也追不上，跑步开始不再令我感觉到快乐。工作之后，尤其是近几年来，开始不再和他人比较，而是专注于自己身体的感受，享受跑步的快乐，跑过城市和乡村，跑过春天和秋天，跑过国内和国外，把跑步当成了一种生活习惯。以快乐跑步为主，用心去感受每座城市的美好，去欣赏每一名跑者的状态，去感恩每一名提供服务的工作人员和义工。

每年都会或多或少出现跑步中猝死或受伤的情况，出现问题的原因有很多，天气、训练水平、身体先天素质……但是，跑步目标的模糊不清晰，或者说坚持跑步的最重要的理由有偏颇，是上升到哲学层面的"问题"。

观察身边的跑步好友，有一部分是"大咖"，每天十几公里是"小意思"，随便一跑就是配速 3 分钟多，全马 2 小时 50 多分钟完赛，还有一天跑十几个小时、上百公里的，他们在朋友圈晒出自己的成绩，用自己的辛勤和汗水不断超越一个个极限，每每这时，我一定会手动点"赞"。但这部分毕竟还是少数，还有相当一部分朋友都是"菜鸟"，上班族，体形微胖，平时工作经常加班，中午找公司附近的小馆子吃口饭，上

跑步笔记

8

下班公共交通花上2小时左右,回家躺下就想休息,周末想睡个懒觉这种。想要追求健康、增强体力、瘦一点,因此开始跑步,每天跑2到3公里,配速在6到7分钟,目标是一年内跑一次10公里或半马。对于这部分跑者来说,往往容易受到"外来"因素的干扰,有时候会不顾自己身体和训练情况"硬跑",从而出现问题,有时候也会被"大咖"的"无可企及"的成绩所打击,放弃跑步这件事情。张小娴曾经说过:"人总爱跟别人比较,看看有谁比自己好,又有谁比不上自己。而其实,为你的烦恼和忧伤垫底的,从来不是别人的不幸和痛苦,而是你自己的态度。"2月份一次活动上,与白岩松老师相遇。谈起跑步,谈起马拉松,这位身材匀称的跑步爱好者也谈了自己的看法。在他看来,奔跑是对时间、对生命的一种阅读,不管你跟多少人一起跑,最后归根到底是自己陪伴自己。对绝大多数普通跑友来说,跑步的目的少些功利性,不在于像考试那样给自己设限跑多快、跑多远,而是把跑步这件事情坚持下去,成为一种生活态度,跑出健康,体会快乐。我想起了《跑步圣经》的作者乔治·希恩的一句话,"人们开始跑步时的理由各种各样,但最终坚持跑下去的理由只有一个:找寻自己。"

是的,找寻自己。

就像有一年郑开国际马拉松的主题是"跑·得劲"。我与郑开马拉松执委会主任刘斌,这位曾经身材微胖,现在已经成为型男,有着人文情怀的文艺青年聊过,为什么是这样的主题。他解释道,运动的重要性不言而喻,问题的关键在于如何在忙碌的工作之余让运动真正融入每个人的生活之中,"得劲"是河南话,希望所有跑者都能跑得开心,跑得舒心,并且希望所有人能够走出家门,去奔跑、去流汗,尽情享受跑步带来的快乐,完成属于自己的比赛,跑出自己的PB。

这一切,都是以"我"为主。

村上春树说,"我超越了昨天的自己,哪怕只是那么一丁点儿,才更为重要。在长跑中,如果有什么必须战胜的对手,那就是过去的自己。"所以,不管是"大咖"还是"菜鸟",在坚持跑步、坚持找寻自己的过程中,不妨更多地关注到自己,关注到跑步本身,只要跑得健康,跑得快乐,"今天的自己"是"昨天的自己"的榜样,就不必艳羡惊人的成绩,不必鄙夷"龟速"的"小卡"。"大咖"在科学、适度范围内不断突破速度和距离的极限,"菜鸟"在健康、快乐范畴内坚持跑步、提高身体素质,都是成功者。

做自己的榜样,你可以吗?

用跑步记录人生

"当这个时代到来的时候，锐不可当。万物肆意生长，尘埃与曙光升腾，江河汇聚成川，无名山丘崛起为峰，天地一时，无比开阔。"

这是财经作家吴晓波在《激荡三十年》一书中的开场。这本书通过史料、数据、中外媒体新闻、访谈等全方位记录了从 1978 年至 2008 年期间中国企业的发展历程，进行了"一次清晰而可持续的描述"。这种描述方式让我联想到了 16 世纪后期法国史学家波贝利尼埃尔提出的"总体的历史"，这是伏尔泰编纂总体史的先声，而伏尔泰又为新史学描绘了蓝图，他主张历史不应当是君主和伟人的历史，而应当是所有人的历史。此后的法国年鉴学派更是开拓了历史研究的新领域，用更广泛的研究对象和方法去记录历史成为一种潮流。

开篇引用的话语用来形容当前火热的"锐不可当"的"跑步时代"颇为贴切，用跑步去记录每一名跑者鲜活的人生，而当这些人生的故事汇聚起来，就组成了"跑步时代"的整体历史。

2011 年《南方周末》新年祝词的题目是《丈量春天的距离》，里面有这样一句话："在拥有了 30 年全球罕见的超高速经济增长之后，我们从来没有如此渴望一个坐标，渴望知道自己的位置。"跑步的整体历史是什么？在持续火热的当下，我们也需要一个坐标，知道自己跑到了哪里。

其实很多人都有这样的体会，一到周末，朋友圈被跑步刷屏"屡见不鲜"；跑步产业逐渐做大，跑步软件、跑步装备、跑步训练和康复、跑步旅游、跑步电影等细分市场正在借助体育产业的东风加速发展……这一切似乎都指向一个非常美好的坐标。但似乎又不是坐标的全部：赛事良莠不齐，组织水平存在差距；盲目追求成绩现象仍时有发生，跑步猝死事件令人痛心；跑步科学知识宣传不足，科学跑步任重道远；文明参赛多方关注，跑步礼仪成为跑者修养的重要内容……

这就是跑步的完整坐标吗？

我想不管跑步的完整坐标包含多少内容，人一定是最重要的前提。反过来，对每一个人来说，跑步也是一种记录人生的方式。

有的人用跑步记录下了身心的变化。《跑步圣经》的作者乔治·希恩和《当我谈跑步时我谈些什么》的作者村上春树都用文字详细记录了这一过程。不少跑者也有这一习惯，从大多数跑者的赛后流水账，到一部分跑者每天都写的跑步日记，通过跑步，用文字作为媒介，记录了自己的身体和心理的历史。

有的人用跑步记录下了城市的美景。北京的天安门、上海的外滩、纽约的大吊桥、柏林的勃兰登堡门……每到一地，用跑步去丈量城市，去感受不一样的美景。通过跑步，旅游不再是游山玩水或徐霞客式的科学考察，而变成了双脚书写的城市地图。

还有的人用跑步记录下了爱情，记录下了美食，记录下了欢乐，记录下了汗水……虽然你我可能并未意识到或者说有意为之，然而却真真切切、实实在在记录下了自己的精彩人生。

苏轼《赤壁赋》有云："寄蜉蝣于天地，渺沧海之一粟。"是的，在历史的长河中，每个人都是渺小的存在，但积极向上、追求美好、永不放弃的心所赋予我们的正能量，会使整个人生发出灿烂的光芒，让我们成为宇宙里一颗小小的星辰。跑步就是这样一种正能量。

衷心希望每一名跑者及那些即将加入跑者队伍的人们，都能够彰显跑步这种正能量，记录下自己最精彩的人生。

你不能决定成功，但你可以决定去跑

　　什么是跑步的成功？比如，众多跑步的人群中，完成全马是不是就是成功？对于"菜鸟"来说，经过一段时间的科学训练，完成全马，绝对可以算是成功。还有"大神"们的例子。在天津全运会群众组马拉松赛场上，运艳桥和唐辉顶着高温，分别以 2 小时 32 分钟 42 秒和 2 小时 55 分钟 51 秒拿下男女冠军，站上了业余跑者在国内的最高领奖台，这绝对可以算是成功。成功的定义多种多样，通往成功的道路也有千千万万，伏尔泰说要成功就要"坚持到底"，卢梭说要成功就要"矢志不渝"，艾默生说成功就要"自信"，但有了这些就能成功吗？有时候我会听到身边跑友的一些抱怨"我已经每天跑了，为什么越跑越累？我的跑步成绩什么时候可以提高？""我怎么越跑越胖？最近跑得猛，受伤了，以后还能跑吗？"仔细分析一下这些抱怨，很多都是因为自己对跑步的"成功"做了假设，比如成功的跑步应该是天天跑都不累，越跑越轻松；跑步了，无论怎么吃都能跑出魔鬼身材；跑步了，一般不会受伤的……有了这些假想之后，一旦预定的结果没有发生，甚至产生了相反的结果，就容易纠结和怀疑，然后顺理成章地把这些纠结和怀疑当作放弃的理由，当作不"成功"的借口。

　　成功是你能够决定的吗？我拼命地跑，努力地训练，就可以成功了吗？古人说，天时、地利、人和，即使"人和"做到百分之百，还有"天时"和"地利"的因素，而且很多时候，"人和"很难做到符合你心目中"成功"的标准，自己往往会自觉或不自觉地夸大努力，比如你想跑步减肥，跑步 5 公里就会觉得消耗了很多热量，自己吃进去的零食都会认为没有什么热量。殊不知，喝下去的一瓶饮料可能已经把刚才 5 公里消耗的热量全部补回来了。所以说，成功是不可以决定的。于是又会朝着另一个极端走去，既然成功不可以决定，还那么努力干什么？我每天挥洒汗水，最后还跑不出个所以然来，那从一开始就不跑算了。

想起了一个真实的案例。小安跟小军是同一个公司的同事，都在市场部门工作。两人平时应酬比较多，不到 30 岁就开始发福了。在听了一次跑步讲座之后，两人决定开始跑步。买好了跑步装备，下载好了跑步软件，就开始跑了。前面两人进展都很顺利，利用早上或下班后的时间跑步。小军甚至前半个月就减掉了 3 公斤。按道理说两个人都应该可以成功。可是半年后，当再见到二人的时候，着实吃了一惊，小安明显瘦了一圈，更有型了，小军却比刚开始跑步时更胖了。分别问了之后，才知道，小安最开始定的目标是保持体重，然后慢慢减下来，于是他尽量控制饮食，有时候碰上应酬难免，自己就提前到，再走几公里，偶尔第二天体重反弹，自己便争取早上和晚上多练一会儿。而小军定的目标是 1 个月先减下 4 公斤，他说前半月减了 3 公斤自己很高兴，结果第三周一次应酬之后，体重涨回了 2 公斤，感到很沮丧，想起以后应酬难免，一次应酬体重就"回到解放前"，自己慢慢也就不再提运动这事儿了，停下来后加上吃得更多，体重蹭蹭上长。我问小安："你应酬时候怎么办？"他说，最开始就是告诉自己，跑步不易，尽量少吃，实在放开了吃的话，接下来一周就加大一点运动量，不去关注体重的短期变化。而且后来自己慢慢瘦下来之后，很多客户问他变化的"秘诀"是什么，他分享了自己跑步的感受，竟然发展了几个跑友，把约饭局变成了约跑步，大家一起出汗，一起运动，反而谈成了更多的业务。我说，那你现在很成功，跑步和事业都取得了收获。"我倒从来没想到过成没成功，我是觉得，每天坚持跑一跑，出出汗，就是好的。这么坚持下来了，现在也就成习惯了。"小安回答道。

小安的话让我思考。记得《人类简史》后记中有这样一句话："虽然现在人类已经拥有许多令人赞叹的能力，但我们仍然对目标感到茫然，而且似乎也仍然总是感到不满。"跑步如此，人生何尝不是。你每天努力工作却刚刚失去了一次升职的机会，你努力备考却没有考出好成绩，明明读书和健身两不误，却还没有喜欢的人出现……你会想，这个世界是怎么了？难道自己被遗忘了吗？其实，这就是真实的生活，成功之所以可贵和刻骨铭心就是因为来之不易。有时候，不妨让自己活得简单一点，别给自己太多关于目标和成功的假设，别让自己的欲望和野心压倒了梦想，就是去做，去行动，往前走，不要停。就如这跑步一样，你决定不了自己能不能跑得很好，但是你可以去跑。"道路对了，不怕遥远"，只要你朝着正确的方向去跑，只要你不停下来，总有获得成功的那一天。

　　路，就在脚下。跑不跑，你说了算。

许给自己一个更好的自己

中国的跑步行业发展情况在不断变得"更好"，越来越多的跑者也通过累积的跑量和辛勤的汗水变得"更好"，他们都在许给自己一个更好的自己。然而，前往更好的自己的道路并不是一帆风顺的，有些时候，暴饮暴食、慵懒不动或者心情的倦怠也会让我们"颓废"，"繁忙的工作"会成为很好的借口和理由，最后与更好的自己渐行渐远。

生活中，也会遇到这样一类让人敬佩不已的人，他们事业成功、家庭幸福、热爱生活，永远充满了能量，就像永动机一样，一边管理着规模庞大的公司，一边经常陪家人旅行，还一边每天跑步找寻着自我……经常会怀疑，他们的人生每天肯定不止有 24 小时。对于这类人，我们经常会说，"他不是人""大神的世界不是我们可以解释的"等，只有远远崇拜的份儿，从来不敢去奢望自己也可以与"大神"比肩。

曾经有一段时间，因为一个梦想迟迟没有实现，自己情绪很低落，就开始思考支撑我们不断前行的动力是什么？那些"不是人"的人，他们在追求梦想的过程中永远是斗志满满，从来没有过哪怕一丝想要放弃的念头吗？他们从来没有怀疑过自己吗？

带着这些问题，我向花哥请教。花哥是一名成功的企业家，永远充满着正能量。他管理着好几家公司，整天全世界各地飞来飞去，经常早上在上海一个早餐见几拨客户，中午就飞纽约去谈生意。他有一个幸福美满的家庭，朋友圈里能看见他陪着太太和孩子们骑车、放风筝的照片。他自己是一个跑步爱好者，从戈壁到城市路跑，都有他的身影。即使确实太忙，他每天也要保证几百个俯卧撑……

花哥听到我的问题之后，给我发了一张图，图片上写的是判断自己是否患抑郁症的9大自测症状，包括兴趣丧失、无愉快感、精力减退等。我一看，自己符合几条，于是忧心忡忡地说，难道我也抑郁了吗？花哥神秘一笑，然后说，咱们俩清晨约一次跑步，跑步的时候我告诉你"秘密"。

约定的日期如约而至。清晨六点，花哥已经在公园里等着我。我俩一边慢跑，他一边给我"解密"。原来看着阳光无比、如超人一般的花哥，曾经有一段时间饱受重度抑郁症的困扰，甚至都有过自杀的念头。那段时间，几个公司同时出现问题，账户上经常处于没钱的状态，好不容易挖来的员工不得不裁掉，谈好的项目迟迟落不了地……他感觉每天都处在绝望之中。看了心理医生，吃药对他的帮助也不是特别大。直到有一天，他跟一个朋友探讨活着的意义在哪里，活着太累了，花哥认为缺了自己地球照样转，但是朋友的一句话却点醒了他。朋友说，是，地球缺了谁都照样转，但是，因为有你，地球转得不一样了。花哥说，那一刻，他的感觉用一个词概括最恰当，那就是醍醐灌顶。仿佛有一缕阳光照射到黑暗潮湿的大地一般。是啊，地球因为我的存在而不一样，外界我无法要求，但是我可以努力，让自己变得更好，许给自己一个最好的自己。说着，他擦了擦额头上的汗，继续向前跑去。他又分享了那段时间自己如何一步步调整，如何把体重降下来，如何在奔跑中遇见了更好的自己。

人生路上，难免会遇到很多困难，总会有那么一段时间，学业不是很顺利，工作没有奔头，喜欢的人不喜欢自己，身体胖到自己都不忍直视，好容易起步的创业面临失败的危险……压力大到令人喘不过气来，疲惫到睡不着觉，看前方感觉灰暗没有尽头，这些都让我们忘记了自己在哪里，甚至不想珍惜自己。曾经有人说过，如果你觉得现在很难，那么你一定坚持下来，等到三个月后再回看，你会发现曾经的困难跟现在遇到的比起来不值得一提。

确实如此。

记得刚开始跑步的时候，完成第一个10公里时，感觉已经穷尽全身的力量，再多跑一米都无法完成；等半年后完成第一个半马时，10公里已经很轻松了；等受过百公里比赛的"虐"后，42.195公里的马拉松感觉不再是曾经的那么高不可攀。

在这个过程当中，除了距离和难度的增加外，最重要的改变就是经历过一个一个困难磨砺后的自己变得越来越好。

　　唯心一点来说，没有什么坎儿是过不去的，只要自己还在，只要自己许给自己一个更好的自己，就一定会拨开迷雾遇见晴天，就一定会成为更好的自己。正如安妮宝贝曾经说过，任何一件事情，只要心甘情愿，总是能够变得简单。

　　希望每一个跑者都可以一步一步，踏踏实实，朝着更好的自己跑去，无论跑步，抑或人生。

道路对了，不怕遥远

只要路走对了，就不怕遥远。

这是一句平淡中蕴含着巨大力量和鼓舞人心的话，无论前方道路如何艰难险阻，只要沿着正确的方向，不忘初心，努力下去，就一定会达到自己的目标。

想起了林哥和他的跑步故事。

林哥是一家知名企业的高管，驰骋商场二十多年。2015 年他 58 岁的时候，由于长期的熬夜和喝酒等，他的身体状态非常糟糕，需要住院进行治疗。我去医院探望的时候，这个平常强势的老总竟然安静得出奇。他望向窗外，许久，跟我说了一句话："我不想这么早就死去，接下来的人生，我要好好活下去。"两周后，他出院了。这位当时身高 178 厘米，体重超过 110 公斤，平时 100 米都靠汽车的 58 岁老哥开始了另一段人生旅程，他开始跑步。最开始的时候，根本不叫跑步，他稍微快走 300 米都要停 2 次，上气不接下气。从 300 米开始，到 400 米一圈的跑道，到家里小区绕着花园的 1000 米，再到慢慢沿着河边 3000 米的步道，一天，两天，一个月，两个月……半年后，再见到他，我吃了一惊，差点没认出来。这半年的时间里，他减掉了 30 多斤体重，"三高"全部消失，而且步履轻盈，容光焕发。这半年时间里，他说有很多次都想放弃，但是每次想到病房里那两周的自己，就咬紧牙坚持下去，180 多天就是这么过来的。后来，他开始组织员工们一起走路、跑步、健身，到 2018 年，他的体重已经到 75 公斤的标准体重，而且还可以参加马拉松全程的比赛。公司的年轻人也在他的影响下运动起来。他说，他要带动更多的人运动起来，爱运动，爱生活。

选择了健康之路的林哥，经过自己的努力，到达了健康的彼岸。

跑步如此，人生又何尝不是。

要选对自己前进的道路。意大利有句谚语"如果一个人不晓得把船开往哪一个港口，那吹什么风都不管用"。英国也有一句差不多的话"对于一只盲目的船来说，所有方向的风都是逆风"。无论如何强调方向和目标的重要性都不为过。维珍品牌的创始人布兰森在15岁的时候就创立了一本杂志来刊登年轻人对世界局势的一些看法，他在这个过程中就意识到，目标能够团结和鼓舞年轻人一起奋斗。所以，在他的职业生涯中，他特别强调用目标指导自己的行动，就可以把事情做大做好。当然，目标一定要是正确、正面、积极向上的，正如道路一定要是正路，而不是歪门邪道一样。还要特别防止在走的过程中走进了岔道和小道，不能总是低头赶路，要时不时抬头看看远方，看看自己的道路有没有走歪。

不怕遥远就是要克服困难。爱因斯坦曾经说过，在一个崇高的目标支持下，不停地工作，即使慢，也一定会获得成功。培根也说过，超越自然的奇迹多是在对逆境的征服中出现的。人生之路漫漫，出现各种大困难、小困难是常态。要想不经过艰难曲折，不付出极大努力，就会获得成功，那么这种想法，只是幻想。很多时候，当自己的实力撑不起自己的野心的时候，就容易自暴自弃，觉得自己是糟糕的，世界是糟糕的，未来也是糟糕的，有的甚至走上自杀等极端的道路。没有人喜欢困难，但是困难也并不会因为我们不喜欢就不到来。要正确面对困难，及时调整心情，找出克服困难的方法。有些时候，我喜欢把跑马拉松时最艰难那一段的心情给"记录"下来，等遇到难题的时候，自己就"回放"一下，曾经克服困难的状态会给你克服下一个困难提供信心和力量。

不怕遥远就是随时开始都不晚。拉金老奶奶在85岁时半程马拉松跑出了2小时5分钟13秒的成绩，一举创造了85+年龄组半马的纪录。而她早在2001年就被诊断出患骨质疏松，每天都要吃药，后来，78岁的时候，她开始练习跑步，7年时间里拿下500块比赛奖牌。现在跑步已经成了她的日常生活方式，每天都要跑步。不少人会问我这样的问题"看看我适合跑步吗？""我什么时候可以准备好跑步？"我的回答一般都是"从现在开始"。不要因为年龄、性别等原因给自己的懒惰寻找借口，除了极少数情况，人人都能随时开始踏上通往健康的道路。

"长风破浪会有时，直挂云帆济沧海。"踏上正确的道路，奔跑吧！

相信努力，终将美好

有一段时间，一篇《小职员靠奋斗，5 年买上 500 万的房子》的文章刷爆朋友圈。版本虽然很多，但大概讲的是一个毕业于普通院校，任职于小公司的年轻人，突然觉得自己应该努力，在大城市买上房子。于是这个年轻人开始通过上课来增加自己的专业技能和管理能力，开拓资源。最后靠着 5 年攒下来的 5 万元和家里给的495 万元凑齐了 500 万元，买到了房子，过上了美好的生活。

剧情在结尾的大反转引起了广泛的讨论，5 万元代表着努力，495 万元代表着所谓的背景。有网友回复说，这个故事充分说明了，再努力都没用，还得生在好人家，有个好的背景，这样躺着也可以成功。后来有的网友表示支持，有的强烈反对。问题的实质变成了是否相信努力会带来美好的生活。不去讨论这个网友是不是曾经努力过，也不去讨论这句话是不是太极端，更不去讨论这个故事的真实性，每个人都有真实表达自己意见的权利。

网络上还曾经广泛流传一篇由银行的人力资源部人员写的《寒门再难出贵子》一文，认为从大学毕业出来的第一步，往往起到至关重要作用的是家庭背景，也就是说，从起跑线开始普通家庭的孩子就输了一大截。知乎上网友的观点主要有两种：一种是确实如此，寒门出贵子太难了；另一种是无须和社会顶层比较，只要相对上一代实现了提升就可以。

先抛开这个问题，或者说，不妨换一个问题，如果连努力都不相信了，还相信什么？

跑步圈有句话，叫作"跑步永远不会说谎"。大家经常在讨论跑量多大才可以跑马拉松，不少人平时训练量不大，跑马拉松的时候跑得吃力，你跟他说，跑量太少了，赛道上就是这样。他会满不在乎地反驳你，某某"大神"说过了，他平常也没有多少跑量，他照样跑得很好，我就是没"天赋"。是的，"大神"是说过这句话，但是有太多的背景条件你没有去了解，大家关于多和少的标准是一样的吗？他每月200公里可能就算很少，但是对你来说100公里都算很多；他除了跑步还做各种身体素质练习，你却是在吃吃喝喝；他已经跑步十几年，你才刚刚起步。有些时候，还没有到达拼"天赋"的时候，却拿着这些当作不努力的借口。平时跑过的每一寸土地，流过的每一滴汗水，都是为了赛场上的轻松和自如做准备。用萧伯纳的话说，如果我们能够为我们所承认的伟大目标去奋斗，而不是一个狂热的、自私的肉体在不断地抱怨为什么这个世界使自己不愉快的话，那么这才是一种真正的乐趣。很多人为什么不快乐，不幸运，往往是因为过多地抱怨，而不是去努力。

天上不会掉馅饼，努力奋斗才能梦想成真。只有奋斗出来的美丽，没有等出来的辉煌。如果天赋不够，就用努力去补；如果背景不够，就用努力去补；如果运气不够，也用努力去补。因为只有努力这件事是最靠谱的，是我们自己可以掌握的，其他的很多因素都是你无法决定的。通过自己的努力，去成为"别人"眼中有天赋、有背景、有运气的人。

当然，也不能盲目地、不分条件地"努力"。最近看了一条新闻，一个大学生跑步晕倒被医生救治清醒后竟然拔掉针头继续跑，这又让我想起在某次马拉松被急救起来的选手继续在赛道奔跑又晕倒的故事，这都是值得警惕的。尤其是每年夏天都会有在高温环境下跑步受伤甚至出现生命危险的案例。跑步的初衷是获得健康，而不是假借着"克服困难、超越自我"这样的理由不顾生命安全，无视生理和客观环境硬跑，从而造成不可弥补的伤害。有些时候，我们并不是一个人在跑步，每次出去跑步之前，我们的父母、爱人、孩子、朋友其实都是揪着一颗心的，他们不在乎你朋友圈里如何"秀"，他们需要的就是你每次完赛后安然无恙。

如果你相信努力，而且正确科学地"努力"，那么你终将美好。

不忘初心，方得始终

"造物无言却有情，每于寒尽觉春生。千红万紫安排著，只待新雷第一声。"无论是跑步多年的"老手"，还是刚刚开始跑步的"新手"，当跑步成为你生命中，或者说至少成为你生活中一部分的时候，跑步到底是什么，为什么而奔跑就成了一个摆脱不了并将一直伴随着跑步全过程的哲学问题。

为什么？

"人生最终的价值在于觉醒和思考的能力，而不只在于生存。"如果借用亚里士多德说过的这句话回答，那就是跑步的最终价值不仅仅在于跑步，而是在于在跑步的过程中，不断地与自我对话，去寻找真正的自己，并且不曾忘记奔跑的"初心"。

回想自己跑步的初心，无非就是少年时代学业紧张，为了强身健体，提高心肺功能，保持体形，而且跑步不像足球和篮球等对场地和同伴都有要求，就跑起来了；再后来，伴随着备战高考，青春期开始思考未来，跑步成为释放压力、发泄情绪的最佳选择；大学和工作之后，随着跑过的路程越来越多，尤其是长距离跑步的时候，跑步渐渐成了倾听自己内心最真实声音，和自己对话的平台，这似乎成了一种生活方式。跑步的人有千千万，但初心大抵相同。村上春树这位拥有"不予过问便要长肉的身体"的老男人，在打算作为小说家度过今后漫长的人生的时候，必须找到一个既能维持体力，又可将体重保持得恰到好处的方法。跑步成了他以一种健康的方式从事着"不健康"工作的选择，随着他"在自己炮制的惬意的空虚和怀旧的静默中不断奔跑"，产生出"某种类似观念的东西来"。这种东西与其他无关，只与纯粹的自我有关。

但是，有些时候，面对着忙碌和喧嚣的生活，面对着无时无刻不在的诱惑和干扰，经常会忘记奔跑的方向。这一轮的"马拉松热"我感觉应该是从 2012 年年底开始，然后一直持续到现在。从 2004 年首马开始，自己每年都保持着一个很舒服的状态跑步和参加比赛。但从 2013 年起，开始按捺不住，每年给自己安排很多比赛，平常的工作和生活已经很满，到了周末就去各地参加赛事，这就导致自己很疲惫，一度反感跑步，站上赛道就有厌恶感。跑步已经成了一种单纯参赛数字累加的任务，不再让我感受到快乐和平静。特别是有一次马拉松赛前，自己大腿有点拉伤未愈，竟然还想参加比赛，我才意识到，自己已经偏离方向了，不知不觉把跑步当成了在朋友圈炫耀的手段，享受点赞带来的虚假成就感了。

白岩松曾经提到过一个寓言。

在墨西哥，有一个离我们很远却又很近的寓言。一群人急匆匆地赶路，突然，一个人停了下来。旁边的人很奇怪地问："为什么不走了？"停下的人一笑说道："走得太快，灵魂落在了后面，我要等等它。"是啊，我们都走得太快。然而，谁又打算停下来等一等呢？如果走得太远，会不会忘了当初为什么出发？

"我们已经走得太远，以至于忘记了为什么而出发。"纪伯伦在《先知》里的这句话和寓言一样，一语中的。我开始思考跑步的初心，跑步是一件让自己快乐的事儿，于我来说，跟村上春树说的一样，成绩也好，名次也好，外观也好，别人如何评价也好，都不过是次要的问题。

我开始重新出发。先是大幅度削减比赛数量，根据时间、身体状况等选择适合自己的赛事和距离；同时，重视科学训练，摒弃"以赛代练"的想法和实际做法，像刚开始跑步那时重视跑步训练和身体素质训练；给自己设定合理的目标，不再过度追求"PB"；最后，就是如何"方得始终"。有了初心，能跑多久，能否坚持下去，有时候并不取决于跑得多"快"，而是跑得多"慢"。这里说的"慢"，不是纯粹意义上速度的"慢"，而是一种每隔一段时间回望初心，眺望远方，调整自己，不急不躁，不慌不忙，让身体和灵魂同步向前的调整方式。

不忘初心，方得始终。不妨时常"慢"下来，摒弃那些生命不能承受的"负能量"，轻装前行，让自己更平和，跑出真我的风采，而且这一切，都只与自己有关。

RUNI

第二章
让梦想照进现实

NING

　　所有的成功者都是大梦想家：在冬夜的火堆旁，在阴天的雨雾中，梦想着未来。有些人让梦想悄然绝灭，有些人则细心培育、维护，直到它安然度过困境，迎来光明和希望，而光明和希望总是降临在那些真心相信梦想一定会成真的人身上。当然，仅仅有梦想又是不够的，古语云"聚沙成塔，集腋成裘"。涓滴之水终可以磨损大石，不是由于它力量强大，而是由于昼夜不舍地滴坠。只要坚持，梦想总是可以实现的。

跑步礼仪，那些不得不说的事儿

　　在开始正式进入如何跑步之前，要先谈谈礼仪的事儿。《论语·季氏篇第十六》有云："不学礼，无以立。"后来钱穆先生解释，礼教恭俭庄敬，此乃立身之本。有礼则安，无礼则危。故不学礼，无以立身。随着跑步运动的不断发展，跑者们在努力"遇见更好的自己"，各种跑步赛事活动也在不断升级。拿重庆马拉松来说，到 2018 年已经是第 8 届，从 2011 年 3 月 19 日南滨路的惊艳亮相，到每年 3 月份第 3 个周末的约定，再到成为中国马拉松金牌赛事、国际田联国际银标赛事、中国马拉松大满贯四大成员之一，重马不断创新，体博会、嘉年华、夜跑南滨、重马训练营等活动丰富多彩，完赛 T 恤、运动功能袜、免费提供机场及高铁站接站服务和赛道免费乘车观光等服务细致周到。"三美"马拉松正在让跑者们"渝跑越爱"。

　　重庆马拉松只是近几年马拉松等跑步赛事发展的缩影，跑者们的选择越来越多，参赛也越来越方便，虽然快速发展过程当中出现了一些问题，但总体而言，绝大多数赛事都已经达到了较高的水准。一些赛事的组织水平、服务保障水平，特别是以跑者为首要的理念，不比任何国际知名的跑步赛事逊色。

　　当然，一项赛事是否成功，除了组织方的努力，跑者以什么样的状态参与到赛事当中，也是非常关键的一环。"跑步礼仪"也成了这几年被反复提起并关注的热点。谈跑步礼仪，并不是站在道德制高点上进行品头论足、发号施令，也不是"外国的月亮比中国圆"的偏颇思维，而是希望每个人都能成为赛事的主人，共同努力，共建共享，共同营造良好的赛事。

　　我这些年大大小小参加了不少赛事发现，跑步礼仪存在的一些问题也不是近几年才有的，从十几年前坐着公交车到终点领全程马拉松的大毛巾，到现在伪造号牌、跨区起跑、赛道拥挤、并排跑步、把补给当成自助餐，甚至是为了取得成绩使用兴奋剂等，表象可能有变化，但背后的原因值得深思，巨婴式心理还在一定范围内存在。

记得有一次参加全程马拉松比赛，在距离关门时间还有一个半小时的时候，完赛包就发没了，幸亏紧急调用备用的才"涉险"解决问题。我问了一下赛事组织者是什么原因？赛事组织者很无奈地表示，到达终点的"跑者"人数比起跑时出发的人数已经多了近500人，听到这个数据我很吃惊，这个赛事的号码布是有防伪标识的，起点处无法作假，但是在42.195公里的路途中，不少人拿着复制的号码布混进了赛道，到了终点就去领物，有的因为确实太假被识别出来后，还质问组织者，那你为什么不拦住我进入赛道？你没发现，我现在跑完了，花了这么大力气，你必须给我补给，不给就闹。还有的被发现造假后，要求出示身份证件，按照赛事相关规定进行禁赛等处罚，但是根本无法操作，蹭跑者直接甩手就走，或者说没拿证件，无法证明谁是谁。对于这些事，一般赛事组织者都会选择"小事化了"或者沉默，同时还要承受因为蹭跑者占用赛事资源后体验感不好的参赛者的批评。诚然，上述的案例里组织者存在一些问题，但是更大的问题在哪里？

有没有全部跑者可以参考的跑步礼仪？国内不少专业从业人员和组织做了很多努力和推动，从魏江雷的"十条"到陈远丁的"二十二条"，从于嘉对赛事、对参与者、对自己有礼到毛大庆倡导的自律、善良、公平、温暖、平凡，从首都媒体跑团向所有中国跑者发出的《"自律宽容，健康奔跑"倡议书》到田协进行的放管服等努力，关于跑步礼仪可以参考的很多，概括起来，其实就是"尊重自己，尊重他人；我为人人，人人为我"。

跑步礼仪除了宣传、交流，更重要的是践行、带动，树立主人翁意识，把赛事当作自己的亲人一样去体贴，把赛道当作自己家一样去爱护，把所有的组织者、参与者当作自己的朋友去对待，跑步礼仪这个"小翅膀"将扇动起整个跑步事业积极向上、良性发展的"龙卷风"。

我想用美国路跑者俱乐部关于跑步礼仪的一段话作为结尾。

"最后，请记住，没有任何一场比赛是完美的。所有的赛事工作人员都在努力保证安全，让参赛人员尽可能享受比赛的乐趣。"这句话并不是为赛事组织的不完美推脱，而是希望多一点包容，多一份平和，多一份正能量，为他人，更为了自己。

如果每一个人都能够做好自己，比如主动阅读赛事手册，比如少使用一个纸杯，比如按顺序起跑，比如不在终点处逗留等，那会多么美好。

期待美好。

为科学跑步疯狂"打 call"

　　不断规范的行业政策，不断增加的赛事活动，不断提升的赛事品质，不断细分的跑步装备和服务，不断成熟的跑者，都是跑步运动持续发展的见证。在以马拉松赛事为代表的跑步运动繁荣发展的同时，也存在不少问题：赛事水平参差不齐，奖牌出错，补给不足或不合适，领物混乱，赛场组织水平有限等问题时有发生，不平衡不充分发展之间的矛盾显现。这其中，无数次重申、老生常谈的跑步安全问题尤为突出。

　　先看几个数据：在 2017 年的新乡国际马拉松赛上，一名选手在 2 公里处倒地后不起；35 岁中国跑者在科隆马拉松第 11 公里处突然倒地后送医院不治身亡；在首届银川国际马拉松赛上，一名半马选手在距离终点仅 2.5 公里处倒地，虽经全力抢救仍然不幸于将近 24 小时后死亡。据不完全统计，仅"猝死"相关报道，2016 年 4 例，2015 年 5 例，而且基本都是 30 到 40 岁的中青年，正处于"上有老下有小"的状态，给家庭带来了巨大伤害。

　　"罪魁祸首"在哪里？有的人认为，这是个人体质问题；有的人认为，马拉松是一项强度大、"挑战极限"的运动，42.195 公里的距离对身体就是一种挑战，本身就不安全；有的人认为，跑前劳累、天气不适宜等都是造成猝死的原因。很难给出一个结论性意见，但是可以肯定的是，运动性猝死几乎会出现在所有的运动项目中，并没有规律性分布，也无法判断从事哪个项目更有风险。所有前述所列的种种原因，都与一个关键词密切相关，那就是：科学跑步。

如何科学跑步？

首先，要全面了解自己的身体。2017年厦门（海沧）国际半程马拉松，组委会赛前与厦门大学附属心血管病医院合作开展的赛前体检中，300名接受专业心脏体检服务的跑者中，有6人被检查出并不适合从事马拉松运动。对于准备从事跑步运动，特别是打算参加马拉松等长距离比赛的入门者来说，一定要系统地做体检，特别是对心肺功能的检查，血压、心率、心电图、心脏彩超等还不够，强烈建议做一个心肺偶联平板运动检查，根据结果来决定是否选择跑步作为主要的运动方式。对于经常参赛的跑者来说，建议每年也做一次体检，实时掌握自己的身体状况，调整训练和参赛计划。特别是要考量自己赛前的身体情况，如果出现感冒发烧、跑前一周过度劳累等情况，一定不能强行参赛，要听从自己内心的声音，"留得青山在，不怕没柴烧"。

其次，要科学训练。可以看到，在猝死的案例中，有一半以上是半马出现问题，一个主要的原因就是不少半马跑者都是跑步新手，刚刚接触跑步，往往抱着"试一试"的心态就参赛了，结果造成无法挽回的损失。跑步圈有句话叫作"跑步从不撒谎"，意思就是你付出多少努力，就会有多少回报。有时候听到参加赛事的跑者说"最近我好久没跑了""这次半马我先看看，能跑下来我下次就报全马了"时，一般都劝他们要量力而行，"以赛代练"，甚至"只赛不练"不可取。如果决定把跑步当作陪伴一生的运动方式，"磨刀不误砍柴工"，建议从一开始就学习科学跑步的知识，从跑姿，如何循序渐进训练，如何控制强度，如何热身和恢复，如何补充营养等开始，然后坚持科学跑步，合理休息，不断提高自己的跑步水平。

再者，要安全比赛。安全比赛可以概括为"十个要"：要倾听身体的声音，千万不要因为跑马名额紧缺或自己已经在朋友圈广而告之而不放弃甚至勉强自己；要制定合理的完赛计划，根据自己平时训练的成绩，制定科学合理的完赛目标，严格按照既定完赛目标去执行；要留意天气情况，根据天气选择着装和补给策略；要仔细阅读参赛手册，认真研究赛事路线，了解起终点和各阶段关门时间，注意枪声时间和净计时间，了解存衣、医疗和补给站点等，设计好前往起点的路线和从终点撤离的路线；要做好饮食规划，赛前不要喝酒、进食辛辣刺激性食物等，赛前晚餐宜多吃些面制品，适当补充碳水和糖原，同时准备好第二天的早餐，早餐宜进食易于消化吸收但含水分不高的碳水化合物，补充含有盐分的小菜；要以动态热身为主，不要长时间拉伸，可以利用小跑等方式让身体热起来；要谨记自己制定的赛前目标，掌握好节奏；赛中的补给要按计划有条不紊地进行，水和电解质饮料补充有度，能量胶发挥效用需要一刻钟左右；要及时调整，如感觉身体不适及状态不好，或者意识开始模糊，切勿硬拼，及时找到附近的志愿者或医疗人员检查身体情况；要注意跑步礼仪；要注意赛后恢复。

最后，希望从跑者到赛事活动组织机构，从媒体到科研机构，方方面面都能够大力倡导和践行科学跑步的理念、知识和技能，让更多人能够安全地跑步、快乐地跑步、长久地跑步。

让快乐为奔跑加油

开始跑步之后，特别是跑了一段，身材开始变化并且跑步能力也逐渐提高之后，一般会产生一些困惑：要快还是慢？什么时候突破 PB？什么时候月跑量破 300 公里？徐泓先生《不要因为走得太远而忘记为什么出发》的书名就揭示了这样一个道理，有些时候，跑着跑着，越跑越远，越跑越复杂，甚至越跑越迷茫，忘记了最开始为什么奔跑。白岩松在《痛并快乐着》一书中有这样一段话："走到生命的哪一个阶段，都该喜欢那一段时光，完成那一阶段该完成的职责，顺生而行，不沉迷过去，不狂热地期待着未来，生命这样就好。不管正经历着怎样的挣扎与挑战，或许我们都只有一个选择：虽然痛苦，却依然要快乐，并相信未来。"

"死只是一个结果，怎么活着才是最重要的。"《滚蛋吧！肿瘤君》中的熊顿——一个热爱生活的姑娘，在身处人生最艰难的时刻仍然对着命运微笑，传播着正能量。当开始觉得跑步复杂的时候，应该为跑步增加一点元素，或者说，找回一点元素，那就是快乐。

其实仔细想想，无论最开始奔跑是为了减肥，为了身体健康，为了社交……都可以归结为让自己快乐。体形好了快乐，身体健康了快乐，交到朋友了也快乐，人类祖先通过奔跑追逐获得食物，填饱肚子也是快乐。从这一点说，跑步的本质属性就是给跑者带来快乐。当然，随着跑步的人越来越多，相互之间自然就想比谁跑得更快，谁跑得好，或者说检验自己的跑步训练成果，于是跑步进化为一种竞技比赛。从 1896 年雅典奥运会马拉松冠军 2 小时 58 分钟 50 秒的成绩到 2014 年柏林马拉松基梅托 2 小时 2 分钟 57 秒夺冠，100 多年 55 分钟 53 秒的提升见证了竞技水平的提高。对于广大跑者来说，每次比赛争取 PB 是很正常的事情，但是绝不是最主要的事情，实现了 PB，享受突破自我的快感；实现不了 PB，享受比赛过程，无论如何，都应该是快乐的。

日本知名的美女体育主播平井理央在《快乐地，跑步》这本书中分享过她跑马拉松的独特诀窍和心得："马拉松，给人的一般印象都是有着强烈的孤独、克制、忍耐、艰苦的一项运动，从我决定参加纽约城市马拉松赛那一刻开始，我就想要努力地寻找一种可以同时享受到喜悦的跑步方式，带着这样的信念去训练。"她把这种快乐的理念带到了整个跑步过程中，比如跑后去发现美食，跑中跟朋友聊天，在跑步中体验快乐，在快乐中享受跑步。如果正在跑步的你感到不快乐了，不妨停下来，整理一下思绪，去重新发现属于自己的快乐。不管在哪里，不妨马上放下手头的事情，去进行一场快乐的跑步。

就像熊顿说的：听一场摇滚，和耳朵一起一醉方休；喝一圈烈酒，让酒腻子们闻风丧胆；开一场 cosplay praty，二次元万岁；摸一下大蜥蜴，我熊胆威风凛厉；吃三斤驴打滚，翻滚吧肠胃；飚一把摩托车，成为风驰电掣的女王；见一下微博红人，感受马伯庸亲王的慈祥；至少学会一样乐器，为喜欢的人弹；种一次昙花，守望着它盛开；做一桌丰盛的晚餐给爸妈，哪怕色不香，味不美；来一次夜钓，吸取月光静谧的能量；仰望喀纳斯的星空，寻找属于我的星座；沐浴漠河的极光，感受它的神秘；去山顶看一次日出，然后大喊滚蛋吧！肿瘤君。

滚蛋吧，负能量！我跑我快乐！

女性跑者，跑出美丽人生

　　德国著名哲学家黑格尔曾说，美的形象是丰富多彩的，而美也是到处出现的。除了赛道外的城市自然和人文景观之外，赛道上越来越多的女性跑者构成了一道亮丽的风景线。但从古代一直到 19 世纪中后期甚至是 20 世纪前期，别说跑步了，女性参与运动都是不被鼓励甚至是不被允许的，国际奥委会直到 1960 年才解除了女子田径赛事不能超过 200 米的规定。从 1984 年女子马拉松项目首登奥运赛场以来，经过 30 多年的发展，世界各地奔跑在马拉松等中长跑、百公里等越野赛事的女性跑者逐年增加，跑步开始被越来越多的女性喜欢。根据 Running USA 的数据显示，2014 年，美国有 1070 万女性跑者完成了统计范围内的 5 公里至全程马拉松的赛事，占完赛总人数的 57%，超过男性跑者完赛人数 200 多万人；除了全程马拉松的完赛人数男性以 57% 领先外，在 5 公里、10 公里和半程的完赛人数上，女性跑者均领先。从国内来看，除了马拉松比赛中的女性跑者越来越多以外，重庆国际女子半程马拉松等多项专门为女性跑者打造的赛事也如雨后春笋般涌现，这都说明女性跑者正在逐步撑起跑道上的"半边天"。

　　女性跑步有什么好处？首枚奥运会女子马拉松金牌获得者，1984 年洛杉矶奥运会女子马拉松冠军萨缪尔森在为《女子跑步全书》写的序言中说到，"女性不能唯唯诺诺、亦步亦趋，而要有挑战新领域、寻找新世界的勇气和信心。跑步能给绝大多数女性带来自信、自尊和幸福感。"不少女性跑者通过跑步获得了自己满意的身材和健康的体魄，结识了一帮正能量的运动好友，甚至还收获了美好的爱情……这些都是自信、自尊和幸福感的重要来源。

跑步的好处这么多，作为女性，如何开始跑步，如何训练，跑步中又要注意什么问题？关于如何跑步和训练，男女虽然在生理上有所差别，但是跑步的基本规律是一样的，按照科学的方法去训练即可。但由于男女生理上的差异，使得女生在跑步运动中要特别注意一些问题。

首先是装备的问题。除了正常的跑步装备外，女性跑者特别要注意的是运动内衣和防晒用品的选择。先说运动内衣，由于跑步过程中身体所受到的冲击和排汗量比一般状态下高出不少，一般的文胸不能提供运动时应有的保护和舒适性，建议尽量选择适合自己的运动文胸。运动文胸拥有许多款式，调节式、网眼面料和隐藏式支撑等设计可以起到高强度防震、减震且透气速干的作用，防止肌肉组织拉伤和热痱等。此外，女性爱美，皮肤的保护尤为重要。再说说防晒。跑步虽然可以让肌肤红润光泽，但在阳光下暴晒带来的伤害也不容小觑。跑步前要涂好防晒霜，尤其是在敏感、易受伤的皮肤区域，选择一款合适的太阳眼镜，戴着帽子也会有效。万一晒伤，要做好冷敷和保养，及时修复皮肤。这里要特别强调的是，跑步和爱美并不矛盾，甚至可以说做好防护，跑步可以让自己更美。

其次是生理期和孕期是否可以跑步。这也是女性比较关注的问题，但由于每个人的身体素质、运动能力不同，很难给出统一的答案，但是可以肯定的是，女性在生理期和孕期要避免高强度、大运动量的运动。如果平时没有跑步运动习惯或刚刚开始运动的女性，建议生理期休息，否则容易出现身体不适。对于身体健康又有跑步习惯的女性，运动量适当的跑步会有助于神经系统的平衡，有利于血液循环，也能起到一定的缓解痛经作用。即使要跑，也一定要保证充足睡眠、降低强度、减少次数、注意休息好，不能够超出身体承受范围。孕期的道理同样，也要根据身体素质和运动能力因人而异。英国著名中长跑名将拉德克里夫怀孕5个月还坚持每天跑步近23公里来保持体形，更是在生下第1个孩子后不到10个月便赢得了纽约马拉松的冠军。现在不少孕妇血糖高，可能会影响胎儿的发育，引起孕期的高血压、肾病和各种感染，即便没有这些危险情况，妊娠糖尿病的女性患糖尿病的风险也会增加，孩子未来患糖尿病和肥胖的风险也随之升高。对于习惯跑步的女性，适当运动不仅有利于腹中胎儿的发育，也可以使自身的血液循环加强，帮助自身能量代谢，调节精神方面的压力。但是随着孕期的进程，要听从自己的身体，强度要逐渐减少，听从身体的反馈，注意安全。

　　最后是要处理好饮食和跑步的关系。不少女性开始跑步是为了减肥，但往往会给自己定一个不科学的低体重标准，然后通过过度控制饮食和过度训练来达成。武汉一名 26 岁的女白领每天坚持跑步一两个小时，在收到了减肥的成效后，开始加大运动量，每天跑三个多小时。后来有一次在跑步过程中突然感到双脚酸痛，起床后竟然尿中有血，赶到医院就诊后，被诊断为"横纹肌溶解综合征"。跑步是为了健康，如果最终导致上述结果产生那就得不偿失了。判断是否健康并不是单纯的体重标准，锻炼和健康的饮食习惯才是关键。要注意营养均衡，跑步后补充适量碳水化合物和蛋白质，还需要额外补充一点铁制剂，弥补缺失的血红细胞。

　　期待越来越多的女性可以加入到运动的行列中来，加入到跑步的行列中来，跑出属于自己的美丽人生。

赤足跑，脚和大自然的约会

　　随着赛事的持续增多，跑者的数量不断上升，各种类型的跑步方式也开始在国内的赛场上出现。近几年来，相信越来越多的跑者会在跑步的过程中发现一群将芯片系在脚踝，赤脚奔跑的跑者，大家的看法不一：这么跑有什么好处？脚底会很疼吧？不怕受伤吗？

　　世界范围内将赤足跑和马拉松联系起来并受到广泛关注可以追溯到 1960 年的罗马奥运会，在那年的马拉松赛场上，阿贝贝·贝基拉——这位出生在埃塞俄比亚的山村，10 岁开始放羊，13 岁在学校加入曲棍球队，20 岁服兵役时开始练习足球和篮球，24 岁开始练跑，28 岁踏上奥运赛场的选手，赤足跑完了全程并拿下了冠军，"赤脚大仙"的封号成了当时的热门词汇。4 年之后的东京奥运会，穿上鞋的他成了第一个蝉联奥运会马拉松项目金牌的选手，这也标志着非洲田径尤其是中长跑项目的崛起。

　　从人类历史长河来看，赤足跑的历史更为悠久，基本可以从人类诞生之日起开始计算。那时候并没有鞋子，人们赤足走路、奔跑和自然界的其他生物竞争共存。美国作家克里斯托弗·麦克杜格尔在自己的 *Born to Run* 一书中，记载了隐居在墨西哥铜峡谷的长跑族群塔拉乌马拉人的故事。他关注到这个族群的起因是自己是一名业余跑者，但是随着跑步的增多，自己开始脚疼，并产生了伤病，为了治疗，他寻求了很多医生的帮助，但是结果令他沮丧。他得知塔拉乌马拉人很能跑，于是去那里寻求答案。他发现他们光着脚追赶猎物，并且随时调整姿势、方向和速度，敏捷地在石块和沟壑间蹦跳，好几个世纪以来，他们就在崎岖的山中奔跑，不用休息就跑个上百公里且面不改色，关键是，他们没有任何的因为跑步产生的伤病。作者开始反思，他认为现代文明产生的跑鞋反而成了产生伤病的源头之一，抛弃跑鞋，

第二章　让梦想照进现实

37

赤足与大自然亲近，学习塔拉乌马拉人的跑步方法，最终跑步的伤病好了，自己也享受到了跑步的乐趣。在"TED"的分享会上，他声情并茂地向人们传播着赤足跑的魅力，极具感染力。

除了感情上的推荐，他也试着从科学上进行探讨。现在的运动跑鞋为了减震，鞋底越做越厚，实际上反而增加了对膝盖的冲击力，导致膝盖很容易受伤；而赤足的话，因为害怕承受跑步时来自地面的冲击力给脚后跟造成的疼痛，人们会用前脚掌先着地，并且轻轻下脚，启用身体的自然减震器，正如《道德经》第23章里写到的那样，"善行无辙迹"，而《自然》杂志曾有文章调查研究证明赤足跑与穿传统跑鞋跑步相比，能大幅减少对膝盖的冲击。

那么，该如何去尝试并开始赤足跑呢？现在市面上已经有不少的赤足跑者和训练营，有需要的跑者可以系统地参与训练，这里有几点通用原则分享给大家。

一是心理上，"放松、耐心"。人类天生就是赤足来到这个世界上开始走跑的，所以不用有心理压力，放松对待赤足跑，真正开始后，你会发现手眼协调能力增强了，对于路上的玻璃、石子，远远就会发现并避开，即使万一踩到了，身体也会学会自然卸力；不少转战赤足跑的跑者都是具有一定水平的人，往往刚刚脱掉鞋子，就急于上速度、上距离，反而会受伤，得不偿失，要慢慢让身体适应赤足后带来的变化，千万别在脚底还没有准备好时做太多超出它负荷的活动。

二是行动上，"科学、坚持"。赤足跑和穿鞋跑的区别并不是有没有鞋子，鞋子脱掉了，整个步幅步频、身体的发力方式、跑步的着力点、肌肉的配合都会发生变化，要遵循科学的规律，按照正确的方式去训练，调整，适应。从跨出第一步到慢慢进阶训练，再到加上肌肉训练、参加比赛，按照计划去进行。和任何一种运动方式一样，要充分享受到运动带来的快乐，坚持是一种品格。

三是思想上，"专注、自由"。赤足跑后，身体的联结会更为密切，与大自然的联系会更为密切，会专注在当下每一刻；而双脚也将会变成身体与自然沟通的工具，让自己回归到孩提时代对于整个世界的新奇，让自己感受到人类远祖和自然"天人合一"的状态，享受到真正的"自由"。

当然，赤足跑不一定适合所有人，也不可能适合所有人，它只是一种跑步的方式而已，而不管采取何种跑步方式，最重要的，永远是那颗热爱奔跑的心。

跑步和慈善：坚持的力量

　　跑步和慈善有着天然的内在联系——都会让人身心健康。东京、伦敦、波士顿、柏林、芝加哥、纽约六大马拉松赛事无一例外都有通过跑步为慈善组织募集捐款的活动，创立于 1981 年的伦敦马拉松更被称作"这个星球上规模最大的年度慈善赛事"。香港举办的越野赛事"乐施毅行者"也是一项公益跑步活动，48 小时的越野翻山，100 公里，最低 6500 港币的筹款目标，吸引着越来越多的人参与其中。"Running Together 国际迷你马拉松"的创始人崔琳娜，因为孩子患有自闭症，为了帮助自己和其他患有自闭症的家庭，她创立了"一个要将公益贯彻到底、帮助弱势群体的马拉松，一个能让人们看到希望的马拉松，一个家人可以一起参赛的马拉松，一个让参赛人体会团结的力量的、爱的马拉松"。此外，万科组织的"社区乐跑赛"为深圳市自闭症研究会募集社会善款，同时万科公益基金会以一比一方式向自闭症研究会捐赠同等金额善款，"跑一步，爱满分"的概念深入人心。

　　跑步和慈善还有一个联系，那就是都需要坚持。明代学者胡居仁有一副对联"若有恒，何必三更眠五更起；最无益，莫过一日曝十日寒"。2015 年的波士顿马拉松赛，让全世界的人们认识了迈克尔·梅拉米德，这位来自委内瑞拉的患先天性肌肉萎缩的跑者，面对着大风、大雨、寒冷的天气，每走 4 到 6 步，休息 10 秒，最终用时 20 小时完成了 42.195 公里的距离。他说，"我不害怕身体变糟，因为已经没什么比这个更糟的了。我不停地跑马拉松，只是希望激励更多人勇敢地接受现实，去创造更多奇迹，我一直在奔跑。"正如邵逸夫先生，从 1970 年开始，历年捐助社会公益、慈善事务超过 100 亿港币，逸夫基金捐建大、中、小学和职业技术学校、师范学校、特殊教育学校超过 6000 个项目。这位老人曾经说过，"我很勤力"，他把这种"勤力"坚持了近百年。

以前写专栏时，有个基本的假设，就是绝大多数阅读文章的读者们都是具有一定基础的跑者，而最近发现，越来越多平时工作很忙，几乎不运动的朋友们也开始读各种文章，寻找各种信息，希望开始运动。有一天，遇到一个朋友，他跟我聊起来，每天看我的微信朋友圈分享跑步和运动的知识，或许我觉得很基础，但是对他来说感觉还是很难，看到大家动不动就跑 10 公里，或者配速动不动就 4 分钟、5 分钟。他表示自己本想运动的心思马上就会有巨大的受挫感，能不能发一点更基础的知识。我当时告诉他的是，不要去羡慕任何人，你要做的就是动起来，然后持之以恒地坚持下去，相信坚持的力量。他又问，如何坚持？能不能具体给一点建议？于是，我在朋友圈发了一段如何从不运动到运动并坚持下去的小文字，没想到得到了众多朋友们的回复。在这里，我也想跟那些正在看这篇文章的"菜鸟"读者们分享我的这段小文字。

"以下的文字针对'菜鸟'。这里的'菜鸟'，是指几乎从来不运动、准备运动又感觉难于坚持的人们。首先，不要跟任何已经在运动的人去比，看着他们的长距离或快速度很容易让你刚刚涌起的健身热情被无情地浇灭。要告诉自己，只要自己运动起来就是伟大的一步，因为从不运动到运动，你已经比昨天的你更棒，要做自己的榜样。其次，我猜想，你不运动是有客观原因的，工作忙、压力大、没有时间，这样该如何健身呢？早饭后不要立即坐下，拿出 5 到 10 分钟，走 500 到 1000 步，没地方的话在办公室来回踱步也可以；中午吃饭后争取走 1000 到 1500 步，大概 15 分钟；晚饭后争取多走一点，同样不少于 1000 步，这样一天你就比平时多走了 3000 步以上。此外，上下楼争取走楼梯，要是车站或家离单位很近，不妨直接步行，晚饭少吃一点，先坚持一个月。要是哪天时间充裕，多走几步，周末可以约几个好朋友一起去公园或郊外走走，要相信坚持的力量。过了一个月后，你就会发现走路速度加快了，自己就会想着找地方慢跑了。而且你还会发现，原来运动可以缓解工作的压力，可以让你看问题的视角更加多元化。当然，如果你坚持得好，体形更加苗条，颜值更高，还会带来更多额外的福利。"

最后，说到跑步和慈善，我希望还有一种联系，那就是更多资深的跑者可以通过自己的努力，带动身边更多的朋友加入到运动的行列中来，持之以恒地坚持下去，这本身也是一种慈善，就像白岩松兄一直倡导的，希望更多普通人加入到运动中来，给他们多传播一些简单易行、能够长期参与的理念和方法一样，上面的文字也是对他的倡导的一种回应。

所以，无论如何，请相信坚持的力量。

我总比你快 42.195 公里

    "我总比你快 42.195 公里"是大鹏新年马拉松 2015 年的口号，大鹏新年马拉松是万科发起主办的在 1 月 1 日当天用乐跑庆祝新年的赛事。在新年第一天就奔跑在深圳大鹏的山海间，是非常有意义的一件事。

    19 世纪的波兰作家显克微支曾说过，"每一个人对明天都有所希冀。每一个人对于未来总有个目的和计划。"爱因斯坦则更近一步，"只要你有一件合理的事去做，你的生活就会显得特别美好。"在 1 月 1 日当天挥洒汗水，释放让人感到快乐的内啡肽，而且，赢在起跑线上，"总比别人快 42.195 公里"。

    当然，绝不能为了"总比别人快 42.195 公里"而都把 1 月 1 日就作为自己跑步赛历的第一项内容。"凡谋之道，周密为宝。"每个人的跑步能力、时间、精力、经济状况等各有不同，需要特别注意以下的内容。

    首先是要量力而行。陈盆滨 2014 年 11 月 21 日获得南极 100 公里极限马拉松冠军并成为全世界第一个完成"七大洲极限马拉松大满贯"的极限跑者，仇乾阳 3 年百马等励志故事的陆续出现，激发了不少人开始跑步的意愿。于是 2015 年不断加码，10 个赛事、20 个赛事、30 个赛事……50 多个周末恨不得每周都跑。"浴不必江海，要之去垢；马不必骐骥，要之善走。"渴望不断超越自己的心情是好的，但一定要根据实际进行调整，在不耽误本职工作，身体状态良好，经济可以负担的情况下，选择适合自己的赛事，切忌贪多。尤其是赛历基本以马拉松为主的跑者，一定要留足身体恢复的时间，不要在疲劳（连续熬夜加班）、身体不适（如感冒等）情况下强行坚持完赛，一定要学会放弃，"名额虽宝贵，生命价更高"。

其次是要重视科学训练。参加比赛的计划多了，往往会不如"菜鸟"的时候重视训练，"以赛代练"的想法滋生。从自身经验来看，导致的后果往往是容易受伤，成绩反复或停滞不前。所以，赛历定下后，赛历之间要做好训练计划，坚持执行。此阶段的重点除了继续保持一定的跑量外，要特别重视心率的监测和力量的训练。心率可以用来作为跑步的计量标准，控制跑步的强度、频度和跑量，达到最佳效果；力量训练，尤其是核心肌群的训练要特别重视。核心肌群是整体发力的主要环节，承担稳定重心、传导力量、对上下肢的活动起着承上启下的作用。比如转弯时，核心肌群可以提供稳定性并且帮助保持直立。如果核心肌群很弱，那么身体在转弯时可能发生倾斜，从而让腿部和足部的关节承受过多的重量，或者被过度拉伸，长此以往会造成劳损和受伤。

再次是要享受跑步这项运动。在与我们国家优秀的中长跑队教练李国强教授聊天的时候，他提到一件事情，现在很多业余跑者的装备和训练已经相当专业，努力训练，追求更好的成绩，每次比赛必求"PB"。这种"业余选手拥有专业心态"的出发点是好的，不断突破自己的极限，追求"遇见更好的自己"。但凡事都需要注意"度"。对于绝大多数业余跑者来说，永远要"莫忘初心"。既要追求成绩，又不能太追求成绩。过度追求成绩往往会让人感到一种无形的压力，每次站上赛场的脚步会变得沉重，跑步成了一项具有特定使命的任务，这样会背离为健康而跑的初衷，也难以享受到跑步的乐趣。如果感到不快乐了，不妨停下来，整理一下思绪，去重新发现赛道上属于自己的快乐。

新年有新愿。每年1月1日那天，不管在哪里，都希望大家跑起来，跑完以后，自豪地说一句：新的一年，我总比你快42.195公里。

先定一个能达到的小目标：比方说先完成第一个 5 公里

　　王健林先生在接受专访时的一句话红遍网络。"想做世界首富，这个奋斗的方向是对的。但是最好先定一个能达到的小目标。比如我先挣它一个亿。你看看能用几年挣到一个亿。"心有多大，舞台就有多大，跑步之后，大家也都会有自己的"小目标"，比方说"跑出BQ"，"完成自己的第一个百公里"，"成为一项赛事的冠军"……这些"小目标"对资深跑者来说就像王健林先生说的"挣一个亿"那样可以完成，但是从人口基数来看，这部分跑者数量极其少，而且基本上已经掌握一定知识，可以通过看书或交流等方式自我训练。而对数量庞大、准备开始加入跑步大军的"准跑者"来说，这些目标就不再是"小目标"，而是看起来难以企及的目标，甚至会因为目标和当前的运动水平之间存在的差距而放弃刚刚准备开始跑步的热情劲儿。

　　大可不必。

　　经常会有准备开始跑步的朋友问我一系列问题：我跑 100 米都喘，多久可以跑马拉松？我适合哪个牌子的跑步装备？我该如何设定自己的跑步计划？我该如何开始迈出第一步？借用王健林先生的"小目标"体，先设定目标完成自己的第一个 5 公里。5 公里对资深跑者来说，似乎已经是"不屑一顾"的距离，但对新手来说，5 公里却是一个非常科学合理的"小目标"。

　　如何完成这个"小目标"？

　　首先，做好准备。装备方面，工欲善其事，必先利其器。如果决定跑步了，根据自己的经济状况去买一双跑步鞋，买一身衣服。得益于跑步市场的火热，高中低档都有适合的选择。穿着舒适时尚的跑步装备，也会让自己的心情更好，更利于体会跑步的快感。身体方面，刚刚准备加入跑步大军的，除了部分是经常从事其他运动项目的以外，更多的是准备通过跑步唤醒身体，增强体质，重拾对体育热情的人。可能因为平时伏案工作较多，弯腰驼背现象严重；可能因为摄入过多，体重大、有血脂高的情况；可能因为遗传或后天，患有心脏病、高血压等，在正式开始跑步前，有必要做一次全面的体检，评估自己的身体。心理方面，正确认识跑步。跑步不是拿来炫耀的资本，不是纯粹比拼成绩的项目，更不是马上就要达到某种高度。跑步是一种生活方式，为了健康和快乐。初跑者往往容易心急，跑了几次就想提速或增加距离，这都是不可取的。

其次，开始训练。如果经济条件允许，或者身边有资深跑友，可以选择加入一个跑团，找一个跑步教练或高手学习一下如何跑步。这是非常重要却又常常被忽视的一点。跑步很简单，但跑步是一项非常科学的身体运动项目，如果决定要把跑步当作一种生活方式常年去坚持，那么拿出时间和精力来学习如何跑步是非常重要的。这为以后防止受伤和进阶等都提供了保障。掌握正确的跑姿和跑步方法后，刚开始不要追求强度，从时间和距离上给自己提要求，可以先从快走开始。最开始的两周，可以隔天训练一次，自己快走半小时或走完 5 公里作为目标交替去完成。如果已经好久没运动，快走半小时或走完 5 公里都很难完成，这是正常现象，通过这两周把自己的身体慢慢"激活"。第三周开始，可以尝试着慢跑，还是不要追求速度，配速可以控制在 7 到 8 分钟，可以跑 1 分钟走 1 分钟，然后慢慢地跑 2 分钟走 1 分钟，直到自己可以慢慢坚持 30 分钟不间断地跑步。要记住的是，对于刚刚开始跑步的人来说，重要的不是让自己每天筋疲力尽，而是让自己能够将每天锻炼形成一种习惯。这样坚持下去，自己就会慢慢感觉到跑步不累了，速度也会快起来，完成 5 公里就会实现了。

最后，学会恢复。学习一套拉伸方法，每次跑后进行放松，再累也不能省略拉伸这个环节。如果在快走和慢跑过程中产生了疼痛感，请教练或身边资深的跑友帮忙分析疼痛产生的原因。要找到疼痛是因为身体较弱、强度太大，还是因为跑步姿势不对，然后对症下药，及时调整训练计划。关注饮食，有所节制，少油少盐，保证各类营养素的摄取，好的饮食可以帮助恢复。注意休息，减少熬夜，通过跑步把自己的生活作息规范起来。

当能够不间断慢跑完成 5 公里之后，可以报名参加一个 5 公里的赛事活动，去体验一下氛围。完成了这个"小目标"，那么第一个 10 公里、第一个半马、第一个全马都将是切实可行的目标。

"千里之行，始于足下。"把蠢蠢欲动的心境转化为切切实实的行动，比方说先完成第一个 5 公里。

如果没有比赛和"晒朋友圈"，你还跑步吗？

不管有没有跑步，相信稍微了解一点跑马拉松资讯的人都知道，现在北京马拉松、上海马拉松等赛事的名额"一票难求"，不少跑者也是使出浑身解数争取能够成为赛道上的跑者。突然想起一个小故事。有一次快要临近北京马拉松报名时，一个"跑友"在朋友圈开始"晒"跑步心得，大意是为了参加北马，自己已经好好准备了半年，也研究了去年的竞赛规程，抽不中就要选择公益名额或者参加赞助商各种赢取名额的活动，势在必得。待到北京马拉松开始报名后，这名朋友在跑友群里问大家："都有谁参加今年北京马拉松的半程马拉松，求带。"然后，然后就没然后了。因为当年的北京马拉松取消了半程项目。

想起了 2008 年以前的北京马拉松。那时候，马拉松还没有那么火，每次参加马拉松，绝对不敢在非跑步的朋友中宣扬，不然大家一定会跟你说"跑那么远，你属骆驼的啊""会不会把脑子跑坏""42.195 公里，多无聊啊"等。但那时候一起跑步的几个朋友，时至今日都在坚持跑，并不是有多热爱跑步，而是跑步成了跟吃喝拉撒睡一样的生活习惯和方式而已。这几个朋友报名后一副"得之我幸，失之我命"的状态，反而没有上面提到的"跑友"那般"执着"。

说起"执着"，有几个百思不得其解的事例。有一年的贵阳马拉松，有一位倒地被救后又继续跑步又被救的跑者，"执着"为何？有人打着"飞的"去另外一个地方跑 1 公里的活动，"执着"为何？还有一次，在一场赛事开始前，身后一位年轻女孩儿对朋友说，我报名后就没跑过步，今天半马，好紧张啊！是啊，不光你紧张，作为一个听众，我都已经吓得心惊肉跳了。

诚然，这几年全民健身的热情觉醒，路跑持续火爆，越来越多的人选择用脚步丈量城市，用汗水浇筑梦想。通过刻苦训练，不断突破跑步的速度、时间和距离，收获好身材，拥抱健康，带动和影响身边更多的人加入到运动的行列中来，这些都是特别正能量的。但是，细细思考下来，这两年跑步过程中出现的一些问题，除了赛事组织方需要反思外，是不是参赛者也需要冷静思考一下？为什么第一个马拉松非得是北马？知道北马没有半程马拉松了吗？跑北马是因为热爱跑步还是想在朋友圈"晒"出来，享受大家的点赞？参赛重要还是生命重要？知道超越自己跑步能力的"无畏坚持"除了可能给自己生命带来危险，还会给家人、给赛事带来巨大痛苦和麻烦吗？如果没有了跑步比赛和"晒朋友圈"，还会跑步吗？

　　跑步是个很简单、很纯粹的事情，并不因跑了多少赛事而可以拥有优越感，也并不因跑多了就成为"圣人"。跑步并不是跑给别人看的，无论开始跑步的原因是什么，但是坚持下去的理由只有一个，就如《跑步圣经》的作者乔治·希恩给出的答案："人们开始跑步时的理由会各种各样，但最终坚持跑下去的理由只有一个，那就是找寻自己。"是啊，唯有人的心灵才是起初的。让跑步成为一种生活方式，去坚持，去享受，永远怀着一颗敬畏生命的心，遇见最好的自己。

跑步有"度"

马拉松这项从首届奥运会就设项的比赛在国内从"鲜有问津"到"炙手可热"，标志着参与体育运动已不再是那么遥不可及，而正在成为一种新的时尚。同时，更多的人从关注体育赛事获得满足感到关注自身参与体育获得健康和快乐上。尤其是众多"从小体育不及格"的人，通过不断练习提高成绩，获得了"更快、更高、更强"的体验后，更加受到鼓舞去挑战自己，突破自己，超越自己。然而，伴随而来的问题也就产生了，不少跑者开始出现过度训练综合征、跑步伤病等，更有在跑步过程中猝死的事件发生。"过犹不及"，跑步是为了健康和快乐，而不是"为了跑步而跑步"，更不是"靠着意志品质不断提高成绩"，而是要"张弛有度"。

一是要认识自己。

首先要确定自己是不是真的喜爱跑步。运动的项目有很多，足球、篮球、羽毛球、赛车、骑马……不仅仅是跑步这一项，如果因为"身边的人都在跑"，或者"不跑步自己就落伍了"这些因素参与进来，建议三思而行，"世上所有的坚持，都是因为热爱"。

另外，由于身体素质等原因，有些人适合参与爆发性的运动项目，有些人则更适合进行长跑等耐力性的运动项目。

此外，要设定合理的目标。减肥的不妨从减去体重的 5% 开始，跑步的不妨按照跑步的持续时间、跑步的距离和跑步的速度这一顺序来设定目标。"一口气吃不成胖子"，不要因为刚刚开始跑步体重降得快或速度提高得快而急于求成。

二是要训练有度。

在与一些专业运动员交流和跑步的过程中，最大的一个感触就是，他们会提前制定出一段时间的训练计划，包括各种跑、素质训练、拉伸恢复、饮食作息等，并且严格按照计划执行，做好训练记录。而绝大多数跑者很少有细致的训练计划，或者是"每天10公里，周末一个长距离"这种比较粗糙的训练计划，或者缺乏力量训练、拉伸恢复等，这样往往会造成"根据状态来训练"的情况，即当天状态好就随意增加强度，状态不好就强行训练，让身体过度承受比赛训练的压力。再加上不少跑者工作繁忙，休息时间有限，身体难免不出问题。因此，建议跑者根据自己的工作学习生活状况，合理地安排细致的训练计划，偶尔因为生病、喝酒、熬夜等情况可以稍微调整几天，其余尽量按照计划来。

三是要参赛有度。

路跑赛事越来越多，可选择的空间也越来越大：这个赛事的赛道有特色，这个赛事举办城市很美，那个是金标赛事……每一个都想参加，更有的跑者是想尽快收集齐"一百块赛事奖牌"等。可是绝大多数跑者周中得工作，周末连续奔波，还要参加比赛，身体很难承受连续比赛的强度。所以要根据训练计划，合理地确定每年参加比赛的数量。

四是要听从自己的身体。

这是最重要的一条。工作过于疲惫、生病或者身体不舒服时，一定不能强行跑步；如果运动后免疫力下降、平衡感降低、头晕眼花、身体发虚，甚至对运动产生了厌恶感、容易受伤，就要停止跑步进行调整；在跑步的过程中出现不适的症状也不能强行坚持。可能一次不听从自己的身体，给自己、亲朋好友、赛事组委会都会留下不可磨灭的伤痛。

真心希望，科学参与体育运动，能够成为一种生活方式；真心祝愿，人人参与，人人健身，人人快乐，人人健康，人人幸福。

夏天，这样跑！

　　"赤日几时过，清风无处寻。"南宋诗人曾几的这句诗形象地描述了大多数地区夏天的状态。在夏天跑步需要注意的事项不少，我自己就有好几次晒伤皮肤的"惨痛经历"。如果再伴随低气压、无风等，跑步时不注意天气变化很可能会引起中暑、惊厥甚至昏迷等症状，这绝对不容忽视。如何在夏日跑"不停"，为即将到来的"秋高气爽"积蓄能量，跑出健康，跑出平安，针对夏天的天气环境，我与广大跑者分享几个亲身体会与心得。

　　一是夏季跑步的利弊 。

　　关于夏季户外跑步好处和危害的文章很多，需要特别注意两点：户外跑步晒着太阳可以促进体内形成维生素 D，促进钙吸收并预防骨质疏松；跑起来出汗多，新陈代谢加快也可以促进体内废物的排出，但这两点都是在适度运动的前提下所产生。假如处理不当，就会出现因过度暴晒而导致皮肤晒伤的问题。甚至有些人认为大量出汗可以"减肥"，于是超出自己能力范围长时间跑步，这样会导致体内大量失水，影响健康。虽然一年四季不同的天气状况可能对跑步所产生的效果会有些许影响，但却没有哪个季节跑步最好，哪个季节跑步最差之分。总之，只要注意科学跑步，对身体都是有好处的。

　　二是跑步装备。

　　夏天跑步装备选择的原则是速干和防晒。速干衣服可在跑步出汗后尽快干爽，避免体感不适。假如夜跑比较多，则最好选择带反光标记的。防晒除了需涂抹防晒霜、戴袖套等保护措施外，更重要的是眼睛的防晒保护，眼睛被阳光直射久了后会造成疲劳，建议佩戴运动眼镜。因头部会帮助散发身体热量，所以具有速干透气性能的跑步帽子必不可少，但不要系太紧，最好是网孔的或具有其他的透气功能。当然，如果能选择一条心率带，随时掌握自己的心率情况，这是最佳的。

三是跑步时间的选择。

任何季节，跑步时间的选择都要根据自己的作息时间安排。夏天的早晚气温相对没那么高，是比较好的时段。但如果前一晚加班或应酬，则要量力而行。晨跑时要注意调整速度，不要一起步就速度过猛；夜跑时要尽量避免在余热很高的水泥地面上活动。夏季应避免正午户外跑步。

四是合理制定跑步计划。

跑步计划的安排要根据身体状况和天气情况及时调整。夏季天气炎热，不能像其他季节般根据配速来控制跑步，而是要听从身体的声音来调整。首先是要更加注意热身，先通过慢跑让身体适应气温和环境。跑步过程中如果觉得呼吸较为困难、身体疲劳、头疼、思绪混乱、无法控制肌肉、忽冷忽热、心动过快不舒服等，一定要及时调整速度或停止，学会放弃，不能强行为了维持配速而跑。此外，可以考虑分段跑，如原本计划跑 10 公里，跑了 5 公里后若天气过于炎热，可考虑拆分成 2 段，待温度没那么高时再完成余下的 5 公里。此外，长距离跑步时，建议稍微降低配速，千万不要不理会身体信号硬跑。

五是注意补水和降温。

补水和降温是重中之重。气温高出汗多，水分与电解质流失速度快，一旦缺乏就会导致脱水，进而产生晕眩、抽筋等现象。建议随身携带饮用水或功能饮料，根据跑步距离和自己的口感，适当补充水分。不少文章提及不要在感到口渴的时候再喝水，这是理想的状况，操作起来较难。建议跑者们根据天气和身体实际需要，想喝的时候就补充，小口多次。长距离跑步，则建议携带盐丸或补充淡盐水。注意脑勺、脖子、腋下、大腿内侧等几个关键部位的降温，不要一跑完立即用凉水冲澡，要待身体"冷却"后再冲洗。

六是结伴而跑，保障安全。

夏季跑步，无论是长距离跑、晨跑，还是夜跑，建议找几个小伙伴一起，互相照应。也可以加入跑团，既可以保障补给后勤服务，万一出现状况时，也可以及时得到帮助，避免危险发生。

　　以上几点，为各位跑者在夏季跑步安全提供了一些参考。夏日能否跑"不停"，关键在于自己。希望大家在安全和科学的前提下，都能够跑出健康，跑出快乐。

跑步的"加减乘除"

　　跑了十几年，比起前些年，除了传统意义的马拉松路跑赛事以外，近几年参加了两类新的赛事：一是参加了多场线上马拉松赛事。开启跑步软件，比赛当天随时随地跑完报名的里程，省去舟车奔波，避免因为各种原因缺席实地参赛的遗憾，若要奖牌，只需支付十几元的快递费用，奖牌寄到，非常方便；二是参加了不少除路跑马拉松之外的赛事，如越野赛、山地跑、接力赛。如今，路跑之外的选择越来越多。对于整个跑步来说，国内跑步赛事数量持续增多，一个周末多场比赛活动成为常态，甚至有媒体发出了"非洲朋友不够用"的感慨；同时，海外路跑赛事中，中国跑者的参赛数量也大幅度增长，完成六大满贯马拉松赛事的人数不断增多；跑团、俱乐部等各类跑步组织如雨后春笋般增长，跑团商业化运营趋势明显。但是，跑步赛事公司水平良莠不齐。一方面，精品赛事的服务水平不断提高；另一方面，一些赛事拖欠奖金、人员伤亡等问题也不少发生，赛事两极分化严重。跑步产业持续繁荣，除了赛事运营、跑步装备等传统市场外，跑步旅游、跑步培训等业态逐渐壮大；越野跑、百公里、主题跑等非马拉松赛事数量增加，跑者选择越来越多。此外，关于跑步健康发展的讨论越来越多，跑者礼仪，业余跑者等级标准，赛事应以人为本，学会科学跑步等话题持续得到关注。可以说，跑步虽然没有达到"雄关漫道真如铁"的程度，并且存在一些问题，但整体的发展趋势和方向都是非常好的。为了让跑步事业越来越好，每名跑者跑得越来越好，需要对跑步做好"加减乘除"的运算。

　　加减乘除是基本的四则运算，蕴含着丰富的哲理。《人生的加减乘除：人生中不可不知的运算法则》这本书里，用数学公式演绎了人生的得与失。对于跑步来说，加减乘除更有具体的意义。

加，宏观就是要做强存量，引导增量，培育新的增长动力；微观就是要增加科学训练。各赛事主办方和承办方要继续做好已有的马拉松等赛事组织和运营，服务跑者，提升赛事品质。同时，要注重供给侧改革，针对更多以大众跑者和刚刚开始跑步健身的人群，提供3公里、5公里、10公里等10公里及以下的赛事，结合亲子、娱乐休闲等主题，关注女性跑者、在职白领等人群，多开展一些小型多样的赛事，让更多的人爱上跑步。对绝大多数跑者来说，积极参赛，不仅可以感受比赛的氛围，检验训练的成果，还可以去体验不同城市的风情。除此之外，跑者还需要注重赛前的拉伸和赛后的恢复，注重学习一些科学跑步的知识。如果要把跑步作为一项运动长年坚持，那么不妨系统地学习一下如何科学跑步，防止和避免受伤，受伤后如何康复等，而不要"只赛不练"，在赛场上虐待自己，这对赛事组织者和自己都是不负责任的做法。

减，宏观就是加强行业自律，减少低端赛事供应，实现优胜劣汰；微观就是要减少不好的习惯和心态。随着跑步事业的发展，不少创业者都加入到了跑步赛事组织和运营的队伍中来，但仅凭一腔热血是很难做好的。上半年发生了黄山百公里越野赛变成"野外求生"赛、临沂马拉松欠薪等事件，低端或不合格赛事不但对参赛者的人身安全和利益保障有极大的隐患，也会对赛事举办地造成负面的影响，长远来看，还会影响跑步事业的发展。而对每个跑者来说，需要正确认识跑步，跑步并不是拿来炫耀或一味地追求速度，更多的是一种生活方式，跑步是为了健康，不要给跑步添加太多的功利性诉求。

乘，宏观就是发挥跑步事业的溢出效应，推进相关业态发展；微观就是注重参赛礼仪，帮助赛事更好运行。对于跑步赛事组织和运营的各主体来说，跑步不仅仅是跑步，从跑步装备、运动补给等参赛必需品，到住宿、餐饮、出行、旅游等方面，都可以多动脑筋，服务好跑者的同时，也是细分产业、做大产业的过程。对于跑者来说，一方面赛事组织和运营方提供良好的参赛服务；另一方面，自己要有主人公的意识，配合赛事组委会的各项安排，尊重工作人员和志愿者，必要的时候对需要的跑者提供帮助，一同打造优质赛事。

除，宏观就是继续破除垄断，降低运行成本、交易成本；微观就是去除过度损耗，绿色参赛。而对于跑者来讲，尤其是一年多次参赛的普通跑者来讲，能否大家一起提倡"Reduce,Reuse,Recycle"（减少，再利用，再循环），常年参赛的跑者家里会有很多跑步的T恤穿不过来，能不能考虑不申领或将T恤捐赠给相关机构；对于不是特别追求成绩的跑者来说，能不能随身携带一个小水瓶，每次进水站使用这个小水瓶喝水，减少一次性水杯对环境的污染等。这些看着都是特别小的细节，但可以节约资源，绿色环保，何乐而不为？

　　加减乘除，不妨从我们所有人做起。

步频训练：助你跑步进阶

　　除了自己跑步以外，有时候还会充当"私兔"，陪伴好朋友完成他们的全程马拉松和半程马拉松。当用自己的一些知识帮助他们克服生理和心理的困难，见证他们跑出自己的 PB 之时，激动兴奋之情和产生的成就感，竟远比独自奔跑实现自我超越的体验更酣畅淋漓，这让一直享受"孤独"的我对跑步的理解又多了一层。

　　在陪跑的过程中，尽管陪跑的几个朋友不算太初级的跑者，但仍然存在一些基础问题，具有共性的一点就是：步幅太大，步频较慢。步频，通俗来说就是每分钟的步数，步幅就是每一步的长度。大家潜意识里的感觉是步子越大，跑得越快。加上跑步时候对体态、摆臂尤其是核心发力不重视，落地很"重"，对膝盖和脚底的冲击力很大，非常伤膝盖和脚。在我提议让几个朋友尝试"小步快跑"之后，他们疑惑地问我："你是觉得我配速过快了？那我慢点就行。"于是步幅不变，步频再减慢。很显然，他们误解了我的意思。跑步的距离等于步频乘以步幅再乘以时间，步频减慢意味着需要更多的时间完赛。我让他们根据我的口号来跑："121，121,121……"同时，不能超过也不能落后身边的我超过 1 个身位。通过喊口号调整了步频，通过和我相距 1 个身位限制了步幅，再配合好呼吸、摆臂并且核心稍微"吃住"一点力，虽然不大适应，但是慢慢调整，一个比赛下来，他们真实的见证了自己成绩的提高，都兴奋不已。

　　其实不少跑友都应该听说神奇"180"这个数字，长期研究长跑选手运动技术的日本筑波大学体育系的榎本靖士得出过这样的结论，用 3 步 / 秒（180 步 / 分钟）的步频几乎可以覆盖所有的速度，所以 180 步 / 分钟的步频相当于就是"标准步频"。

虽然每个人的身高、体重、跑姿、技术特点不一样，但是180这个数字还是很有参考价值的。

为什么提高步频会有效？回想或者观察刚刚学会走路的婴儿，他们重心前倾，歪歪扭扭，看着要倒了的时候迈出小脚，落地时间很短又继续向前迈出。因为步频的增加减少了膝盖承受的压力，而且高频次的落地可以不断调整跑姿到最优状态。等到适应较快的步频后，可以通过慢慢增大步幅，不断地提高跑步成绩。

如何提高步频？不少跑步的图书和文章里都有详细的描述，根据自己的实际体验，给大家推荐几个好的方法。

寻找适合自己的步频、步幅和呼吸。杨世模在《长跑运动全攻略》一书中，对马拉松训练班中100多名跑手的跑步数据进行分析，以每六分钟跑一公里（6分钟／公里）的步速计算，得出跑者的平均步频和步幅为166和身高的0.57倍。举这个例子是想说，不必非追着"180"这个数字不放，为了达到"理想步频"而忽略步幅。在开始调整步频前，可以用市面上的跑步软件来测出自己的步频，每周争取提高5步／分钟（直到增加到取得满意成绩的稳定步频），不断在练习中去寻找最佳的步频和步幅。在调整步频的初期，不少跑者会感觉"忙不过来"，步频上去了，呼吸跟不上，步幅对了，步频又下来了。此时不必沮丧，记住跑步寻求的是一种平衡，步频、步幅和呼吸互相配合，在正常呼吸的前提下，去慢慢提高步频，找到属于自己的节奏。

调整步频的工具主要有4种。一是手机下载一个节拍器软件，调到自己需要达到的步频数，根据节奏去跑；二是自己内心默默喊口号："121,121,121……"可以看着表，自己30秒喊的次数算出频率，不断调整到理想的默念频率；三是下载音乐，相关的步频音乐也不少；最后一种是如果身边有高手，可以请高手带领你跑步，调整你的步频和步幅，尤其是刚开始调整步频的时候。建议还是寻找高手带着自己练习，帮助寻找最佳的节奏。

调整步频的专项练习。为了提高步频，还需要进行一些专项练习，每次可以选取以下列出的1或2种来使用：原地快速高抬腿、原地快速踏步、下坡跑、顺风跑、牵引跑、快速小步跑、高频率跑、匀加速频率跑、碎步快频率跑等。

摆臂练习。不少跑友跑起来手臂是"为了摆动而摆动"，并没有对跑步提供更多的帮助。增加步频离不开摆臂的加快，一旦加快摆臂，步频也会提高。不少跑者跑到后期胳膊就耷拉下来，或者跟步频不匹配，最终导致很难提高步频。因此，要增加原地摆臂练习、最高频率摆臂练习等。如果觉得效果不佳，尝试将身体前倾的幅度稍微加大。

加强相关部位力量训练。因为步频加快，脚落地时间变短，因此对相关部位力量的要求增加。在一般跑步力量训练的同时，要练习核心力量，不断使自己脚步落地的声音越来越轻；加强脚踝力量和脚趾抓地训练，使落地一刹那稳定而有力。

最后要提醒大家的是，因为长期养成的习惯，调整步频的训练成效很难立竿见影，即使照着这些方法去训练，仍有可能需要几个月时间。所以，刚开始的时候若没效果别着急，坚持下去，就会获得收获。

让我们去"野"一场

久居城市，困在钢筋水泥包裹的空间里的人们，期望去拥抱自然，在一抹绿色和一股带着泥土芬芳的空气中体会难得的轻松，享受暂且抛开眼前的"苟且"，寻找"诗和远方"的欢愉。越野跑，就是一个很好的选择。

近几年，随着跑步市场的繁荣，越野跑正在逐渐受到越来越多跑者的"青睐"。从2013年左右萌芽，到2018年已经形成一定的规模，越野跑的内容也越来越丰富。我并不是一个狂热的越野跑爱好者，充其量可以算作一个户外运动爱好者。从2009年起，我开始陆续参加一些登山的比赛活动，真正意义上的第一个越野跑应该是2015年6月份，在乐山峨边黑竹沟，和叶钊颖、安琥组队参加了一个山地户外障碍挑战赛，除了要在山地跑步外，这个比赛还加入了定向越野、攀爬逃生墙、提拉重物、爬绳、钻桶等内容。在3个小时的时间里，在风景优美的自然环境下比赛，呼吸新鲜空气，体验非常好。于是，我开始关注越野跑。同年7月，在身边一些朋友的"蛊惑"下，在丹霞、雪山、草甸、森林、峡谷、沙漠、湿地等自然地貌的诱惑下，我参加了张掖百公里。现在回想起来，真是"无知者无畏"。我一看，100公里，30小时关门时间，脑子里做了一个简单的数学运算，每小时3公里多即可，根本不用"跑"，越野"走"都走下来了。再想想自己常年跑马拉松的经历，就去参赛了。现在回想起来，那是一段极其难忘的经历。越野跑虽然带一个"跑"字，但和我们普通意义上的马拉松或健身房的"跑"完全不同，路跑的赛道一般比较统一，变化不大，且节奏可以把握，从始至终基本上可以用一样的节奏跑下来。越野跑则完全不一样，且不说当时还有很长一段高海拔的路线，就是一般山地条件下，碰上乱石、杂草和树木丛生的道路时的下坡跑，对我简直是"灾难"。

不敢放开步子，每一步都要特别小心，而且最后自己的脚踝肿了，大脚趾也磨破了皮。顶级越野高手，对身体的把控能力、对赛道的判断能力都已经达到了一定程度，所以可以看似很轻松地一路奔跑下山。想起自己下坡时紧张、无奈的情形，至今历历在目。最后在一名女越野高手的帮助下，最终完赛。记得完赛之后，我跟她说过一句话："以后，打死我也不跑越野了。"她微微一笑，说："不会的，一周后，你就会怀念并喜欢上这种经历，迫不及待地开始下一场越野跑。"真是被她说对了，后来我又去稻城亚丁，参加了飙山越野·龙腾亚丁越野赛。从亚丁香格里拉镇中心到冲古寺，29公里的赛道上包含了巍峨的山峦、美丽的森林和从起始的2860米逐渐攀升到4666米的高海拔，如同向着天空中奔跑一般，记得从最高处的皑皑白雪往下奔跑时，就像长了翅膀一样。后来我一直在思考，为什么会这样？越野跑的魅力到底在哪里？直到有一天，我看了越野跑高手格里高利说过的一句话，才豁然开朗。越野跑的过程，同样也是思考和判断的过程，但这个过程是高度紧张下的自由化，这种自由化的紧张，反而能带来最大限度的放松和清醒。这种最大限度的放松和清醒，就是越野跑最大的魅力吧。

对于想入越野跑这个"坑"的普通路跑跑者来说，如果感觉路跑的激情有所退却，或者想要给平淡的跑步加一点"料"，可以考虑参加越野跑。可以选择一个三个月以后的越野跑赛事，除少部分顶尖路跑高手外，建议大家选择的标准就是短距离、低难度，可以先从城市越野赛开始，慢慢积累经验，循序渐进。越野跑的装备、技术与路跑有很大的不同，最好找找身边的资深越野跑朋友咨询并学习一下，同时提前了解赛事的特点，尤其是线路，有针对性地准备，做好补给和赛前训练，如果能找一个水平差不多的伴儿，沿途有个照应更好。越野跑要特别注意安全，对于组委会要求携带的装备，一定要带好。跑步过程中，要随时注意身边的环境和路标指引，听从身体指令，如果遇到状况，退赛也是一种勇气和胜利。

在这里还想对越野赛事组织者说几句。除了做好赛事正常的组织外，最好能围绕参赛者的需求，在精细化和人性化上多下点功夫。比如，在每个打卡点的牌子那里可以标注距离下一个打卡点多久；可以考虑在冲刺时设置和家属一起冲过起跑线的环节；在一些比较艰难的点，设置一些鼓舞人心的话语标识等。如果能够结合赛事，开展一些赛前训练、跑者分享会等，那就更好不过了。

趁着美好的天气，不妨去"野"一场。

去全运会的跑道上"撒点野"

2017 年 4 月 29 日，第十三届全运会马拉松比赛在天津开跑。本次比赛与天津武清国际马拉松赛结合，4000 余名业余全马选手和专业选手在同一条 42.195 公里的赛道上去追求属于自己的"金牌"。

其实这已经不是第一次了。从 2005 年南京全运会开始，全运会马拉松比赛已经不再单独组织，而是结合某项具体的马拉松赛事开展。基本的比赛办法是：参加全运会的专业运动员先出发后，报名参加某项马拉松赛事的大众选手再出发。如 2005 年南京全运会、2009 年山东全运会马拉松与当年的北京马拉松结合，2013 年辽宁全运会马拉松与当年的营口鲅鱼圈马拉松结合等。但是与往年不同的是，2017 年的全运会马拉松赛场上，业余全马选手将作为全运会马拉松群众组比赛的参赛选手单独排名，获得前三名的选手照样可以获得货真价实的金银铜牌。对于业余跑者来说，能够跟专业选手同场竞技，并且还可以在全运会赛场获得名次，幸福感和成就感是非常美妙的。

近年来，随着国内马拉松的快速发展，不少业余跑者的训练水平很高，成绩提升很快，经常会在一些比赛当中取得好成绩，甚至夺得冠军。国际上的案例更多。日本著名的公务员跑者川内优辉，靠自主训练和在忙碌的工作间隙腾出精力参加马拉松比赛。2017 年福冈马拉松，他跑出了 2 小时 9 分钟 11 秒的优异成绩，收获了 2017 年世界田径锦标赛的门票，代表日本国家队参赛。卡洛米里斯在希腊雅典的一个法律公司工作，每天上班前和下班后训练，每周跑量在 70 到 120 公里，靠着 2015 年 3 月罗马马拉松比赛获得的前十名成绩拿到了代表希腊参加奥运会马拉松比赛的资格。

仔细看看这些业余顶尖选手的背景可以发现，绝大多数人青少年时代都有过训练参赛经历，后来有了自己的工作，利用工作之余的时间训练，参加比赛的频率相对较高，成绩接近或超过国内顶尖专业选手的水平。他们获得成功的路径与传统的全职专业训练方法完全不同，甚至是"有些冲突"。然而，结果却印证了那句经典的话：条条大路通罗马。

　　吴军博士在《智能时代》这本书中曾经举过美国职业篮球联赛的金州勇士队，如何从一支弱队，打破所有的"经验"，依靠大数据获得冠军的故事。他在这本书中主要介绍了大数据和机器智能将如何对未来的社会产生影响，并指出未来的竞技体育，仅仅依靠天赋和苦练将不足以取得好成绩。在大数据和机器智能背后，更深层的是思维方式改变的问题。并没有人规定成功有统一的公式，王阳明先生曾经就说过，"圣人气象，何由认得？自己良知，原与圣人一般。若体认得自己良知明白，即圣人气象不在圣人而在我矣。"每个人都有可以成为属于自己的圣人。

跑赢上一个自己

开始跑步一段时间后，经历过成绩的提升、参赛的兴奋和最初跑步带来的荣耀和自信，跑步逐渐成为一种生活方式和习惯，波澜不惊。如何激发自己，继续在跑步的道路上不断前行？对"大神"们来说，回想十几年前封尘许久的 PB 和曾经的参赛热情，在感叹新晋跑者的激情之余，如何去挖掘跑步背后和自己更深层的联系？不同的人会有不同的答案，但无论何种答案，都希望在新的一年里，大家可以跑赢上一个自己。

跑赢上一个自己，需要不忘初心。纪伯伦在《先知》里有这样一句话，"不要因为走得太远而忘记为什么出发"。对于人生是这样，对于跑步亦是如此。当你因为成绩久久没有提高而心烦意乱的时候，当你因为完不成既定的跑量而深深自责的时候，当你过度训练导致受伤的时候，当你延误跑步不想踏上跑道的时候，当你不知道自己为什么跑步的时候，不妨回想一下最初与跑步结缘的点点滴滴：是为了更加健康和健美的自己，是为了冲过终点线时的那份激动不已，是为了尽赏大好山河的美景，是为了跑团里那个暗恋许久的女孩儿，是为了那枚闪光的纪念奖牌，是为了排解生活中的压力……无论为了什么，都要在重温初心的过程中去补充跑步给你带来的正能量，去找寻自己。一切向前走，都不能忘记走过的路；走得再远、走到再光辉的未来，也不能忘记走过的过去，不能忘记为什么出发。整理好自己的心情之后，去找到对跑步更深层次的热爱，去找到跑不停歇的理由。

跑赢上一个自己，需要认清现状。前美国奥运选手卡尔曾经做过一个调查，认为跑者主要有四类：想要重拾昨日荣耀的，偶然的和季节性参赛的，长年累月跑步的，运动爱好者，无论是哪种跑者，都需要对现在的自己有一个清晰的认识。卡尔的建议是，先不论过去的经验或能力，根据现阶段的体能状态和过去的跑步历程来进行一个合理合宜的训练，且不放弃，才是首要关键。跑久了，往往就会"不识庐山真面目，只缘身在此山中"，对自己的体能状况、训练状况、参赛状况不去认真地分析，往往会产生一些"错觉"，比如曾经参加某项赛事取得过好成绩，过几年再参加同一项赛事时就会理所当然认为成绩应该差不多，过往的成绩让自己产生盲目自信后，全然忘记"此一时，彼一时"，如果正好赛前一段身体和训练情况不理想，往往就会出现问题。因此，无论是常年跑步的跑者，还是季节性参加跑步的跑者，都需要时刻去评估自身，不做那些"实力支撑不了梦想"的事情。

　　跑赢上一个自己，需要新的刺激。长期从事一项单一的运动，难免会产生"审美疲劳"。除了那些能够自我激励，长年累月坚持一项运动的"大神"外，绝大多数普通人都会产生疲惫甚至偶尔厌恶的状况。这就需要给跑步添加一点"催化剂"。比如可以尝试一些全新的赛事，路跑比较多的跑者可以去报名参加一些越野和铁人三项的比赛，感受不一样的节奏和刺激；还可以更换跑步时的音乐，更换跑步的线路，更换更鲜艳的装备……通过给跑步"加点料"，让自己重新充满动力。

　　让我们向上一个自己说再见，迎接下一个崭新的自己。而这一切，不妨以跑步的名义。

每一个大神都是从菜鸟开始的

开始跑过一段时间后，就会习惯进行总结：用脚步和汗水丈量了多少城市？收藏柜里又多了几枚跑步的奖牌？定的计划执行了多少？答案不尽相同，但只要怀着"积极向上、追求美好、永不放弃的心"在奔跑，无论是跑步多年的大神，还是刚刚开始跑步的菜鸟，你的人生就会不断进步，绽放出不一样的光芒。尤其是菜鸟们，不必艳羡大神的惊人战斗力，也不必因此而受到打击，更没有必要非得模仿谁的成功之路，只要按照科学合理的计划执行下去，你也可以成为大神。

因为，每一个大神都是从菜鸟开始的。

真的吗？

不妨先从哲学层面讨论一下。王阳明在《传习录》中曾经有这样一段话："先认圣人气象，昔人尝有是言矣，然亦欠有头脑，圣人气象自是圣人的，我从何处识认？若不就自己良知上真切体认，如以无星之秤而权轻重，未开之镜而照妍媸，真所谓以小人之腹而度君子之心矣。圣人气象，何由认得？自己良知，原与圣人一般，若体认得自己良知明白，即圣人气象不在圣人，而在我矣。""内圣外王"是中国古代儒家思想的重要内容，在塑造中国古代知识分子人格品行以及他们的人生观价值观上起了巨大的指引作用，儒生们都想"内圣外王"，王阳明这段话告诉人们，圣人并不是一成不变的，而是根据个人心智的不同而成就的。因此，每个人都可以根据自己的性格、能力等成为自己的圣人。换句话说，人人都可以成为圣人。套用王阳明的话来说，"大神气象不在大神而在我矣"。

如何能够真正地成为大神？王阳明也给出了答案，那就是"知行合一"。

"圣贤先觉之人，知而能之，知行合一，后觉所以效之。"儒学家金履祥在《论语集注考证》中提出了"知行合一"这四个字，由王阳明发扬光大，发展成较完备的哲学体系。所谓"知"，可以理解为思想意识和事物规律，"行"指实际行动，"知、行"之间的关系有点类似于认识和实践的关系。

　　于跑步来说，先要做好"知"，"知"是基础，说的是"学习力"。菜鸟前往大神的第一步就是要做好"知"。"磨刀不误砍柴工"，既然决定要把跑步作为一种生活方式，作为陪伴自己一生的"伙伴"，不妨先在如何科学跑步上做做功课。虽然说跑步很"简单"，一双跑鞋就可以开始，但是跑起来后需要注意的事项很多。首先建议去做一个全面的体检，尤其是心脏功能方面。其次，学习系统的知识。从如何根据自己的脚型挑选适合自己的跑鞋开始，学习科学的跑姿，如何热身和恢复，如何安排训练计划，如何安排自己的饮食和休息，如何做身体素质训练，如何避免受伤，有了伤病如何治疗等。再次，永远要"知"的是，跑步并不仅仅是追求不断刷新好成绩，而是具有丰富的内涵，更多的是去找寻自己，去丰富自己。

　　其次，要做好"行"，"行"是关键，说的是"执行力"。无论是约翰·菲希特说过的"行动，只有行动，才能决定价值"；还是肯尼迪说过的"最大的危险是无所行动"都在强调"行"的重要性。对跑步来说更是。无论拥有的知识有多么丰富，都需要从脚下的每一步开始跑。虽然说"跑量为王"有些片面，但是没有达到一定的跑量是绝对不行的。在科学合理的范围内，坚持跑步，坚持素质训练，尽量做到科学饮食，合理休息。

　　最后，做到"知行合一"。做到"知"中有"行"，"行"中有"知"。跑步的过程中遇到新问题了，不妨去看看理论上的解释；有了新的训练方法了，不妨以实际训练去实践。两者相互促进，不断提高水平，那么离大神的距离就会越来越近。

　　希望并祝福，大家都可以成为自己心目中的大神。

跑步"NO ZUO NO DIE"

"NO ZUO NO DIE"这句化用《机动战士 Z 高达》第 12 集中卡缪·维丹连续击坠两架 FF-S3 剑鱼战斗机时的两句台词"出て来なければ、やられなかったのに！"（如果不出来，就不会被干掉！）、"抵抗すると无駄死にするだけだって、なんで分からないんだ？"（不反抗就不会死，为什么就是不明白？），经过中国网友发扬光大，并被美国在线俚语词典 Urban Dictionary（城市词典）收录的网络流行语，含义丰富，它可以作为战胜挑衅对手后的高贵冷艳状补刀用语，也可以作为看到自讨苦吃后的痛心疾首状用语，还可以作为警告慎重行动用语。用这句热得发烫的流行语来写火爆的跑步，此处是什么含义？如果说"跑还是不跑？"是个严肃的哲学命题，那么"如何跑步"俨然成了一个涉及生命存续与否的问题，必须高度重视。

危言耸听？跑步作为一项非常简单的锻炼方式，而且可以减脂塑型，可以减缓衰老，可以调节心血管和呼吸，可以提高免疫力，可以缓解压力，甚至可以让人探索高峰的体验。

危险在哪里？就在"ZUO"上，如空腹大运动量跑步、受伤后不治疗继续"坚持"跑步、高温等恶劣环境跑步等。

如何做到"NO ZUO"？或者说，跑步需要注意什么？

第一，正确认识自己。几千年前，在希腊德尔斐的阿波罗神庙上，一位名叫塔列斯的圣人就留下了"人啊，认识你自己"的圣谕，跑步犹然。不同的人由于身体素质不同，运动能力不同，所以跑步的方式、方法也不同，任何训练计划都要在自身条件允许的范围内。所以，开始跑步之前，不妨做一个全身的身体检查，尤其是心、肝、肺、肾等脏器的功能，做到心中有数。

第二，设立合理的目标。英国现实主义戏剧作家萧伯纳曾说："人生的真正欢乐是致力于一个自己认为是伟大的目标。"这位经常在郊外晨跑的语言大师，无论在写作还是运动上都靠着合理的目标获得了巨大的成功，从诺贝尔文学奖和94岁高龄便可见一斑。从跑步来说，往往会陷入执拗地追求速度和距离这两个目标上来，以为跑得越快、跑得越多越好，配速从6分钟每公里到追求5分钟、4分钟每公里，距离从5公里直奔半马、全马甚至百公里，结果往往事与愿违，不少人因为过度运动导致胫骨和膝盖伤病或者产生髂胫束综合征等问题。跑步的第一目标就是使身体更健康，"合理"必须在这一前提下。因此，对于非以追求竞赛成绩为主的绝大多数普通跑者而言，不妨不要过度地被"我要每次都刷新PB"或"三个月内我要参加百公里"等"目标"绑架。慢下来，循序渐进，将跑步作为一种生活方式和习惯，享受跑步，拥抱健康。

第三，掌握科学的跑步知识和方法。在信息爆炸的年代，微博、朋友圈上传播着各种跑步知识和方法，跑步俱乐部、跑步培训班如雨后春笋般兴起，介绍如何跑步的书刊不断上市，如何鉴别并根据自身实际和合理的目标掌握科学的知识和方法变得至关重要，正确的跑姿和呼吸、合适的装备、科学的训练计划、合理的饮食、正常的天气状况等都对跑步的效果产生直接和巨大的影响。"磨刀不误砍柴工"，在开始跑步之前，不妨找身边的专业跑者指点一二，找到适合自己的方法，会起到事半功倍的效果。

南非开普敦大学提姆·诺克斯教授与法国药理学家迈克尔·斯佩丁曾在《自然》杂志上发表文章指出，人类祖先生活的环境从树上到草原的变化使他们必须靠奔跑来获取猎物，或者可以说，人类生来就是要奔跑的。上面三点并没有涵盖所有应该注意的事项，但所有的这一切都出于一个单纯而美好的愿望：希望跑步这项促进人类进化的运动能够长久地热下去。歌德说："责任就是对自己要去做的事情有一种爱。"让我们带着爱，希冀更多的跑步场地，希望赛事主办方能够提供舒心周全、服务一流的赛事产品，希望体育产业界提供更棒的装备，希望专家学者能够提供更科学的训练计划和康复手段，希望媒体和专业杂志能够提供更丰富的资讯等。

"NO ZUO NO DIE"，这句流行语与跑步相遇，似乎又增加了一种含义，一种饱含正能量的含义，那就是希望每一名参与跑步、热爱跑步的人都能够跑步健康，跑步快乐，享受美好人生。

跑步：你是我的小苹果

跑步之后，就会自觉或不自觉地关注自己的饮食。不妨乘着《天才眼镜狗》主角皮博迪先生发明的世界上唯一一台时光机，穿越时空环游宇宙，一起去寻找关于苹果的故事。

两千多年前，中国。

苹果是一种食物。学名malus domestica，蔷薇科苹果亚科苹果属植物，落叶乔木，在我国已经有两千多年的栽培历史，相传夏禹所吃的"紫柰"，就是红苹果，晋朝郭义恭著《广志》中说："西方例多柰，家家收切曝干为脯，数十百斛为蓄积，谓之频婆粮。"

十七世纪，英国。

苹果是一条定律。根据伏尔泰所著的《哲学通信》，牛顿回到剑桥大学附近的故居后，有一天在花园中散步，看到一个苹果从树上落下，这使得他想到许多科学家所研究而未获突破的重力起源问题，万有引力定律从此被发现。

十九世纪初，德国。

苹果是一部童话。德国著名语言学家雅可布·格林和威廉·格林兄弟的《格林童话》中，美丽的白雪公主咬了一口毒苹果昏死过去，被帅气的王子用深吻唤醒，从此过上幸福的生活。

二十世纪，美国。

苹果是一个公司。1976年4月1日，史蒂夫·乔布斯，这位"活着就是为了改变世界，难道还有其他原因吗"的天才与史蒂芬·沃兹涅克和罗·韦恩成立了苹果电脑公司。乔布斯经历了苹果公司几十年的起落与兴衰，先后领导和推出了麦金塔计算机（Macintosh）、iPod、iTunes、Mac 及革命性的 iPhone 和 iPad，深刻改变了现代通讯、娱乐和生活方式。

二十一世纪，中国。

苹果是一首歌曲。"你是我的小呀小苹果，怎么爱你都不嫌多，红红的小脸儿温暖我的心窝，点亮我生命的火火火火火……"这首由筷子兄弟创作的神曲《小苹果》，配以专属"苹果舞"，一经推出便"血洗各大网站，听到抖腿停不下来"。

回到正题，谈谈苹果和跑步的故事。

作为食物的苹果和跑步。"An apple a day keeps the doctor away"（一天一苹果，医生远离我），这句美国谚语形象地说明了苹果对于身体健康的重要作用。苹果富含矿物质和维生素，同时每 100 克只产生 60 千卡热量。美国密苏里州的运动营养学家卡西·蒂姆米克表示，"你吃下去的东西将会影响你的跑步，有的有益，有的无益。"无论跑步的目的是为了减肥还是追求成绩，都要注意饮食的配合。尤其是目标在减肥的跑友经常会问这样一个问题："为什么越跑越胖？"身体变胖的原理很简单，那就是消耗的热量少于摄入的热量，而不少跑友往往会自觉或不自觉地夸大自己跑步所消耗的热量，低估自己摄入的热量，所以，在摄入能够保障身体必须消耗的能量后，不妨把每天一包薯片换成一个苹果，美容又健康。

作为定律的苹果和跑步。居里夫人曾说："尊贵的是科学的力量。"如同万有引力的存在使得苹果落地，跑步也需要遵循科学的方式方法。在选择适合的装备、掌握正确的跑姿、有针对性地进行力量训练等多种前提下，科学的跑步大体上需要遵循几个步骤：跑前做好准备活动，跑中注意根据实际情况匹配速度、补充能量等，跑后要注意拉伸。不少跑友最容易忽视的就是拉伸，拉伸可以促进血液循环，减少延迟性酸痛的发生，并且能够拉长肌肉增加肌肉韧带的柔韧性，使肌肉线条更匀称。

作为童话的苹果和跑步。安徒生在自传中说过，"人生就是一个童话，童话是我流浪一生的阿拉丁神灯。"白雪公主和王子的故事伴随着多少跑友长大，而通过跑步每天也在上演关于爱情的童话。从白云山到花城广场，从广马到港马，我会陪你跑过全世界最美的风景。2014 年 6 月份广州知名的跑步情侣杰克和乔林在花城广场举行了"跑步婚礼"。从珠江边的约跑偶遇，到香港 HK100 越野赛上的催泪求婚，这对正能量情侣终于在众人的见证下，为彼此戴上婚戒。与其他婚礼不同，这更像一场城中跑友狂欢的派对。新郎和新娘除了接受数百名跑友的祝福，还担任起红娘，为单身跑友策划亲密互动游戏。所以，有志于上《非诚勿扰》等节目的宅男宅女们，加入跑步的队伍吧。

作为公司的苹果和跑步。经常穿一双旧的跑鞋进行新品发布的乔布斯曾经说过这样一句话："人这辈子没法做太多事情，所以每一件都要做到精彩绝伦。"正如他一生都在用近乎执着的创新不断推出改变世界的苹果产品，跑步也需要每位跑者作为人生中重要的内容来对待。忙就中断跑步的话，那我一辈子都无法跑步。坚持跑步的理由不过一丝半点，中断跑步的理由却足够装满一辆大型卡车。我们只能将那一丝半点的理由一个个慎之又慎地不断打磨。见缝插针，得空儿就孜孜不倦地打磨他们。跑步所代表的健康生活方式的确并应该作为一生的习惯来坚持，像村上春树一般，把跑步做到"精彩绝伦"。

作为歌曲的苹果和跑步。美国版《跑者世界》的专栏作家斯科特·道格拉斯曾撰文分析过跑步和音乐。他引用了比利时研究人员的结论指出，音乐节奏只是影响人们健身表现的一个因素，旋律长短、强音变化都会对跑步的速度、步伐等产生不同的影响。选择不同的曲子会让跑步体验大相径庭。比如，如果希望在健身过程中彻底追求速度，那就选择嘻哈音乐；如果只想慢悠悠地享受风景，那就选择爵士乐。总之，旋律变化多端的曲子比较适合悠闲跑步，而那些强音、重音明显的歌曲则适合痛痛快快跑一场。

热爱跑步的读者，你和苹果之间又有什么美妙的故事呢？不管有什么，在结尾的时候都要提醒一句：不要忘了改变世界的第一个苹果，亚当和夏娃偷吃的那个。

跑步与科技：可穿戴设备那点儿事

　　尽管始于 1897 年 4 月 19 日的最古老马拉松品牌赛事波士顿马拉松对参赛资格有着严格的要求，但参赛人数从第一届的 15 位跑者已经增长到近些年的 3 万多人，"马拉松爱好者的盛典"的号召力与日俱增。伴随赛事成长的，还有不断发展的科技。仅以计时来说，从原始记录到 RFID 标签再到把计时器做到号码布上，从传统报名到互联网时代全球跑者登陆和访问波士顿马拉松官方网站了解各种信息，从独自奔跑到可以随时获取家人、朋友跑步过程中的最新信息，科技的便利无处不在。虽然没有看到首届冠军约翰·麦德莫特的照片，但可以想象，当时他腕上并没有像如今任何一位普通选手所佩戴的跑步专用手表，如果有，他的成绩一定会比 2 小时 55 分钟 10 秒更好。

　　科技改变了世界，科技改变了生活，科技也改变了跑步。

　　从 18 世纪英国发起的第一次科技革命到以原子能、空间技术、生物工程为代表的第三次科技革命，每一次技术变革都极大地推动了社会生产力的发展，促进了社会经济结构的深刻变化，影响并改变着每个人的衣、食、住、行、用等方面。今天就来聊聊跑步和可穿戴设备那点儿事。

　　我并没有认真考究过国内可穿戴设备的起源，但以自身的跑步经历来说，第一次接触到相关产品还是 2006 年苹果公司推出的带有 NIKE+ 功能的 iPod，当年托远在美国读书的同学从国外带回 iPod 和 Nike+ Air Zoom Moire 跑鞋，故意在下午课后的大学校园里跑过，时不时掏出 iPod 望着屏幕做认真阅读状的场景，享受着音乐对运动细胞刺激的同时，更享受着身旁羡慕的目光。

时光飞逝，从 2012 年、2013 年至今，可穿戴设备逐渐升温并掀起了热潮。身边的小伙伴们开始陆续戴上了百瑞腾、佳明、松拓、阿迪达斯智能手表、AFTERSHOKZ 骨传导耳机、各类运动手环等，配速、心率等名词开始频繁挂在嘴边，PB 的刷新也有了技术保障。

这股热潮正在伴随着互联网、大数据、云计算等技术的发展持续发酵。可穿戴设备的春天来到了吗？英国小说家狄更斯曾说过："不管发生什么事，都要冷静、沉着。"面对巨大的市场蛋糕，我们该如何做到"未雨绸缪"，促进其健康发展？

从企业层面来说，加强研发，提供优质产品。企业首先要注意，不要"为了可穿戴而可穿戴"。Swatch 公司 CEO 尼克·海耶克曾说："在我个人看来，我不认为这（智能手表）会是下一个革新。消费者喜欢佩戴精美的手表，并根据不同的场合更换不同的款式，从这个层面考虑的话，智能手表就太贵了，而且屏幕太大，很难看。"虽然尼克的话仅是"一家之言"，但现在确实有不少产品打着"可穿戴设备"的旗号，其实相差甚远。企业要以用户需求为根本出发点；要加强硬件和软件产品研发，不断创新，尤其是提高可穿戴设备获取数据的精确性；对于数据的分析和使用，在保护个人隐私的前提下，提供如何跑步、跑量多少甚至纠正跑步动作的科学化建议；发起成立行业协会，制定行业标准；加强合作。

从个人层面来说，积极运动，享受科技成果。跑步与否，并不在于穿戴了多先进、多豪华的设备，而在于内心最朴素最简单的冲动：我要跑步！在积极主动参与跑步的前提下，根据自己的经济状况，选择适合的可穿戴设备，指导、提高跑步成绩，何乐而不为？

就这么点事儿而已。

首马攻略：完成你的第一个马拉松

锻炼一段时间后，参加一场马拉松自然就提上了议事日程，这里面也会有不少打算挑战 4 小时 30 分钟至 6 小时关门时间这一阶段成绩的"菜鸟"跑者。除了认真训练，由于有部分赛事组织水平不可控，如可能跑到后半程又饿又渴时却没有任何补给，那么自身的跑马准备就变得尤其重要。为了让大家安全顺利完成自己的首马，我把自己的经验总结并在此分享给所有跑者。

细致准备篇

赛前准备越充分，比赛时就会越轻松自如。

一是倾听身体的声音。

体检证明并不能证明自己已经完全适合跑 42.195 公里，自己的身体状态只有自己最清楚。赛前是否感冒发烧了、是否连续加班熬夜了、是否肠胃或哪里不舒服了、是否有外伤了……千万不要因为跑马名额紧缺或自己已经在朋友圈广而告之而不放弃甚至勉强自己，一定要听从自己身体的声音。

二是制定合理完赛计划。

根据自己平时训练的成绩，制定科学合理的完赛目标，严格按照既定完赛目标去执行。赛前训练下了多少工夫，赛时成绩就会有多少。跑步是特别踏实的一件事，不会因为状态好就跑出比平时训练好很多的成绩。

三是留意天气情况。

留意组委会发布和自己查询的天气情况，根据天气选择着装和补给策略。如：天气冷热、是否下雨，晴天增加遮阳帽，下雨增加雨披等。

四是跑步装备。

如何准备？

1. 一双已使用过并合脚的跑步鞋（千万不要穿新鞋）。

2. 一双略厚的运动型棉质袜子（跑前修剪脚趾甲）。

3. 一件适合长跑的快干 T 恤和短裤。

4. 提前准备好芯片和号码布。

5. 凡士林等油膏（涂腹股沟和腋窝，防止擦伤）。

6. 胶贴（贴乳头，防止磨伤）。

7. 腰包（里面放零钱等，以备坐车和购买食物饮料所需）。

8. 能量胶和盐丸。

9. 水壶（根据自身情况，可选）。

10. 太阳眼镜、帽子和导汗带等。

五是仔细阅读参赛手册。

1. 认真研究赛事路线，了解起终点和各阶段关门时间，注意枪声时间和净计时，一般情况下 6 小时关门，若出发时已经距离枪声有 15 分钟，那就是说须在 5 小时 45 分钟内完赛。

2. 了解存衣、医疗和补给站点等，设计好前往起点和从终点撤离的路线。提前到起点可让自己有充足的时间存衣、热身和上洗手间。撤离路线要有计划 A 和计划 B，万一优选计划路线因为人多等因素不能撤离，备用计划就管用了。

3. 建议赛前不要喝酒、进食辛辣刺激性食物等，赛前晚餐宜多吃些面制品，适当补充碳水和糖原，同时准备好第二天的早餐。

4. 睡前建议拉伸腿部，有助于肌肉放松。10 点左右上床休息，兴奋睡不着也要闭目养神。

跑马进行时

提前两小时起床，饮用不超过 200 毫升的温水，早餐宜进食易于消化吸收但含水分不高的碳水化合物，可补充含有盐分的小菜。

抵达赛场后，以动态热身为主，不要长时间拉伸，可以利用小跑等方式让身体热起来。赛前十分钟开始检查装备，鞋带松紧适度，计时表定位，能量胶和装有功能饮料的水壶等。

起跑时注意不要为了几秒的领先而抢跑，不让自己摔倒才是最重要的！要注意地面的饮料罐和一次性雨衣，也要留意变道或超越自己的跑者。要谨记自己制定的赛前目标，按照既定目标跟一个比完赛计划稍微快一点的兔子，比如准备 6 点完赛，建议跟 5 点 45 分的兔子。

赛中的补给要按计划有条不紊地进行，不要在觉得渴或饿的时候再补充水和能量胶，每次补水不宜过多，能量胶发挥效用则需要一刻钟左右。有时感觉渴未必真的需要大量补水，也可能是代谢中的失衡或者降温需要，可以尝试将水浇在身上或用海绵擦身降温。再渴也不要在一个水站一次喝饱，学会捏杯子喝水，不要在进补给站时急停再起步。

起跑大约半小时或到 10 公里前后，部分跑者可能会遇到第一次"难受"阶段，这时候放慢跑速调节呼吸即可。全马的一半并不是 21 公里处，而是 30 公里后，那时候身体已经疲劳，能量消耗大半，天气也热起来，马拉松所有的魅力和爱恨情仇都在这一刻体现。由于心理上的疲惫，这时候会感觉脚步特别沉重，肌肉特别无力，这时候尽量不要让自己停下来，试着降低配速，跟随身边一个正以差不多速度行进的跑者，跟着他的节奏，遵循自己的身体情况前进。如感觉身体不适及状态不好，或者意识开始模糊，切勿硬拼，及时找到附近的志愿者或医疗人员检查身体情况。要记住，生命安全是对自己、家人和朋友负责任的态度，放弃是一种美德，退赛也是一种胜利。

当距离终点还有 1 到 2 公里时，观众会慢慢多起来，整个人又会兴奋起来，此时要注意不要猛跑冲刺，这并不能帮助提高多少成绩，保持平稳的速度跑过终点，甚至降低一点速度都没问题，安全顺利完赛才是终极目标。

当然，希望每位跑者都能在跑马过程中注意跑步礼仪。如，若在关门时间外到达，请遵守赛事规则，避免聚集在终点处强行要求发放奖牌。跑进关门时间完赛获得奖牌是对自己的尊重，也是对所有其他完赛者的尊重。另外，为了赛事组织者和参赛者的权益，更不要使用伪造号码布或其他赛事的号码布蹭跑，这是对自己，对他人最不负责的行为。

赛后恢复篇

通过终点后，不要立刻停下来，继续往前走有利于缓解疲劳，拍照可选择在领取奖牌后进行。尽快穿上外套避免着凉，适量补充电解质和水。注意肌肉拉伸，有条件可以冰敷或按摩。赛后切忌猛吃狂喝，多补充碳水化合物，慢慢恢复正常饮食。

尽管以上絮絮叨叨很多内容，但还有不少没有提及的地方，最终还是希望有志于跑马拉松的朋友们能够敬畏马拉松，通过科学训练和备战，顺利完成"菜鸟"的第一个 42.195 公里，享受跑步带来的健康和快乐。

跑步稳定器：你了解臀中肌吗？

跑步多了，就会或多或少产生伤病。我曾经写过自己治疗髂胫束综合征的经历，回忆起来，那种疼痛和不舒服，那种跑不了步的焦急仍然记忆犹新。

如何预防跑步伤病？除了跑步姿势、落地方式、跑量和强度等跑步本身的因素要注意外，越来越多的跑者也意识到并开始进行身体素质的训练，如针对核心的训练、膝盖的训练等。髂胫束综合征痊愈后，我一直在思考，自己平时跑量也可以，素质训练也没有断过，为什么还会出现问题？

带着疑问，我请教了《青少年长跑训练》的译者，《身体功能训练动作手册》的主编沈兆喆。兆喆是一个资深跑步爱好者，获得北京体育大学体育教育训练学田径方向硕士后，来到国家体育总局训练局担任体能训练工作，参与了伦敦与里约奥运会等大型赛事的身体功能训练工作，跑步是他一个重要的研究和实践方向。经过简单的一个观察和测试后，他提到了一个以前我很少关注的肌肉——臀中肌。

臀中肌是一块儿什么样的肌肉？整个臀部的肌肉可以分为臀大肌、臀中肌、臀小肌，臀中肌位于臀部外侧，它是深层肌肉，大部分被臀大肌覆盖。平时锻炼和放松的臀部肌肉，提到的翘臀，绝大多数指的是臀大肌，臀大肌作为跑步时蹬地发力重要的参与者，起到了发力的作用。如果说臀大肌是"发动机"的话，那么这块儿被我们忽视的臀中肌就可以称为"稳定器"。臀中肌起于髂骨翼外面，止点于股骨大转子，是稳定骨盆和膝关节的重要肌肉。具体到跑步上来说，平时不少跑者在跑步过程中都会出现臀部的扭动，或者骨盆的摆动，这都是因为臀中肌不发达，无法发力稳定骨盆，因此跑步时就会晃动，骨盆的晃动会导致力的传导出现问题，大大影响跑步的效率。此外，不少跑者在跑步时还会出现膝部内扣的情况，这也是因为臀中肌不发达，导致腿内收内旋，出现"X型腿"。这种跑姿长此以往就会导致髌骨过度磨损，出现髌骨疼痛等症状。而说到我患的髂胫束综合征，也是因为臀中肌训练不足造成的代偿效应。因为髂胫束跟臀中肌有个同样的功能，就是保持腿部的外展，由于臀中肌不发达，髂胫束就更多地承担起保持腿部外展跟膝关节稳定的作用，导致过度使用、产生紧张，髂胫束紧张就会对髌骨产生向外的拉力，加剧髌骨疼痛。

如何检查自己的臀中肌是否发达呢？很简单，脚尖朝前做单脚深蹲的动作，做几次后观察做深蹲的那只脚，如果膝盖往脚的大拇趾侧内倾，也就是膝内扣，那么基本可以判断臀中肌比较弱。

如何强化臀中肌呢？首先还是要对臀部肌肉、大腿内侧肌群、阔筋膜张肌等进行放松和激活。可以用花生球等辅助小器械完成。具体的锻炼方式可以采取单脚阶梯练习、弹力带桥式、侧卧抬腿、侧卧腿部画圆、弹力带侧向行走、直腿硬拉、贝壳式等多种方法，强化臀中肌力量。

读完这一段，不妨就简单地自我测试一下，如果臀中肌确实太弱，就在自己的训练当中，加入相关内容，让自己的"稳定器"更稳，从而降低跑步伤病出现的风险，更好地享受跑步的乐趣。

跑步伤病：不得不说的痛

2018 年的 4 月，是值得铭记的 4 月，特别是 4 月 15 日这一天，全国各地几十场马拉松赛事同时开展，不少媒体认为，马拉松的"春运时代"已经来临。虽然赛事的水平仍然参差不齐，但是整体来看，规范程度和服务跑者的能力都在稳步提高。赛事的数量多了，不少跑者就开启了一月多赛、甚至经常"背靠背"的"赶场"参赛模式，这就特别需要注意伤病的问题。

拿我自己来说，一直非常注意拉伸恢复和针对性的力量训练，但是在尝试了一个山地越野赛和半程马拉松的背靠背之后，因为"赶时间"，赛前的动态热身不够，赛后没有拉伸恢复直接赶行程，再加上穿着越野跑的鞋子跑公路，造成了左膝盖左侧的疼痛不适，第一次体验了"髂胫束综合征"的痛苦。从网上看了一些与治疗方法相关的文章，虽然"有图有真相"，但是对于没有基本生理学、解剖学知识的跑者来说，找到准确的"痛点"有针对性地拉伸放松，还是存在一定的难度。我找到了运动专家刘佳，通过一系列物理治疗手段和适当的休息，恢复了健康。

在康复的过程中，除了跟刘佳，我还和一些跑友探讨了跑步伤病的一些问题。总体来看，除了髂胫束综合征，目前不少跑者还存在足底筋膜炎、跑步膝、跟腱炎等问题。应对的方式也是多种多样，有的因为还不是很严重，也没当回事，该怎么跑还是怎么跑；有的因为疼痛，医生除了建议休息也没有其他的办法，就放弃跑步了；有的也想治疗和康复，因为找不到专业的医院科室和物理理疗师，在网上看一些介绍，自我治疗，效果也不是很好。那么，该如何正确看待跑步伤病？有了伤病之后如何处理？

首先，要做好预防工作。最理想的跑步状态应该是每一步都没有疼痛和阵痛，一切跑步的伤病都是自找的。导致出现伤病的问题概括起来就是：装备不合适、心情急躁、跑姿不正确、跑量超出极限、突然增加强度、身体素质训练不够、拉伸和休息不够等。无论是"菜鸟"跑者还是"大神"，都要时刻绷紧预防受伤的"弦"。预防受伤要做到"十要"：要听从身体的反应；要经常检查、更换跑步装备；要注重跑姿；要慢慢增加强度，循序渐进；要适当进行变速跑和间歇跑；要合理安排训练和参赛；要进行必要的身体素质训练；要注重健康饮食；要做好拉伸；要注意休息。

其次，受伤后要高度重视，及时处理。不少跑者刚刚受伤有些许疼痛感时容易忽视问题，还是一切照旧。如果任其发展，往往后果会比较严重。出现疼痛感的时候，有条件的最好去医院专门的运动门诊或者物理治疗工作室，找专业的医生和物理治疗师来判断，并给出治疗方案。如果暂时没有条件，可以通过向身边的资深跑友询问，或通过网络进行基本的判断，根据提供的方法自己进行调整，如果效果不好，就需要尽快去专门机构处理。要特别提醒大家的是，如果有伤痛了，一定要采取措施。仅仅通过休息是很难彻底康复的。即使疼痛感暂时消失，一旦恢复跑步一段时间，疼痛往往又会"找上门来"，造成心理上的烦躁。此外，按摩不能替代运动康复。这些都是需要注意的。

不论跑步的初衷是什么，目的是什么，都希望所有人能够重视伤病问题，健康地跑下去。

RUN

第三章
我跑故我在

VING

"我所做的只是在自己炮制的惬意的空虚和怀旧的静默中不断奔跑，这是一件很美妙的事，不管别人怎么说。我是我，我也不是我。这样觉得。那是非常安静的，静悄悄的感觉。所谓意识并不是什么了不起的东西。"村上春树在跑步中完成了自我修行。我经常说，用脚步丈量城市，用汗水浇筑梦想。把这其中的一些人、一些事、一些思考记录下来，只愿每一个热爱生活的"我们"，能够在跑步中享受美好人生。

跑步去旅行

近年来，随着跑步赛事的持续火爆，跑者的选择众多，除了赛事等级之外，不少跑者已经开始关注赛道是否优美，城市是否值得一去。跑步去旅行已经成为一种新的休闲方式。

跑步之后，探索城市的工具除了汽车等工业革命的产物之外，还有了一种更原始的选择：双脚。用脚步去丈量城市，会发现完全不一样的景色：出差常住的酒店旁边，凌晨四点就开摊的早餐点儿，刚熬上的小米粥香气扑鼻；街角不起眼的地方，竟然隐藏着一家咖啡馆，从意大利归来的店主会推荐你来一杯柔滑香甜、甘美浓郁的拿铁咖啡；闹市区的城市花园里，与迎面跑来的跑者互致问候，让此刻的擦肩而过多了一份温度……当我们跑步时，似乎打开了一个全新的视角去重新审视整个世界：节奏似乎慢了下来，颜色似乎更加鲜活，花草树木的呼吸、城市的脉动，都变得更加清晰。

比如芝加哥这座城市，它位于密歇根湖西岸，伊利诺伊州东北部，1837年建城，当时人口只有4000余人。经历近200年的发展，芝加哥已经成为美国第三大城市，著名的商业中心、国际金融中心、世界旅游胜地。芝加哥也是一座体育之城，除了著名的美国职业篮球联赛冠军芝加哥公牛队之外，还出过棒球（芝加哥小熊）、冰球（芝加哥黑鹰）、橄榄球（芝加哥熊）的冠军。而芝加哥马拉松，早在1983年就成为世界四大马拉松之一，目前是世界马拉松大满贯（WMM）系列赛的构成之一。芝加哥马拉松40周年时，加上我国正值假期，参加芝加哥马拉松的中国跑友总人数在1500人左右。从大家的朋友圈里可以看到芝加哥会议中心、起终点附近的格兰特公园、赛道旁各式各样的摩天大楼，以及永远都缺不了的美食。

这仅仅是一个案例而已。高涨的运动热情让越来越多的国内外机构看到了商机。"跑步＋旅行"产品的供应也越来越多。除了世界马拉松大满贯赛事之外，澳大利亚、日本、泰国、新西兰、新加坡都有成熟的产品，甚至还有各种主题的马拉松供选择，如法国波尔多的红酒马拉松，经过 59 家波尔多顶级酒庄，全程可以品尝 20 多种红酒……飞到世界各地，来一场"说跑就跑"的马拉松越来越流行。《新快报》有关报道指出，在全球旅游市场中，体育旅游每年的增长率能够达到 14%，体育旅游产业的产值已经超过 4500 亿欧元。我国相关部委也专门出台了大力发展体育旅游的指导意见，可以预见，体育旅游将迎来大发展。从传统的吃住行、游购娱到现在的运动健康，体育与旅游发生奇妙化学反应的同时，也让每一个人、每一段旅程有了不一样的意义。

除了放松心情，跑步旅行还有什么不一样的意义？

熊贤君，2016 年 9 月从上海启程，一路穿行 48 座城市 200 多个城镇；2017年 1 月 4 日，以昆明作为其终点站结束了 4000 公里的跑步旅行。当谈到为什么选择跑步去旅行时，他说，除了跑步是自己的爱好和所长之外，他更想用跑步去经历更多的故事，遇见每一寸土地可能出现的风景，这段 4000 公里旅行的意义是"经历"。达伦·温德尔，这位来自密歇根州的美国男子用 100 天时间从加州的圣莫妮卡码头跑到纽约时代广场，并为给埃塞俄比亚的缺水地区提供安全饮用水筹款，这段横穿美国国土旅行的意义是"公益"。

我们又将会给自己的跑步旅行赋予什么意义？

要想探究这个问题的答案，靠谁都不行，只有自己来一场跑步旅行，无论是未曾去过的国家、城市，还是已经探访过多次的山川、河流，用跑步开启不一样的视角，去寻找旅行的意义。不同的人跑过同一段旅程的意义会不一样，同一个人，不同的时间跑过同一段旅程的意义也不一样。从这一点来说，答案是什么已经不再重要，而追求意义的过程已经实现了身体、心灵和整个世界的交流。而这，就是最重要的意义。

马拉松遇上旧金山，跑在大洋彼岸

　　电影《何以笙箫默》中，赵默笙在旧金山游船上为躲避未经许可给游客拍照挣钱的窘境，假装模特，请摄影师给自己拍了一张照片。直到她跟何以琛再次来到旧金山，遇到那个摄影师，才发现她和何以琛出现在同一张照片里。赵默笙曾经对何以琛说，如果我无法找到你，我会站在最显眼的地方让你看到。事实证明，如果真的有缘，站不站在显眼的位置都不会挡住最终相见的事实。正如电影里出现的加州阳光和旧金山金门大桥美景一样，你来或不来，它就在那里，不增不减。

　　所以，我还是去了。

　　旧金山位于美国西部，是加州的沿海城市，又被称作"圣弗朗西斯科"，被誉为"最受美国人欢迎的城市"，著名的金门大桥也经常出现在电影和宣传片中。旧金山从19世纪中叶淘金热时发展起来（彼时被称作"金山"，后来为区别于澳大利亚的墨尔本，改称"旧金山"），现在成为高新技术产业园"硅谷"所在地，谷歌、苹果、脸书的总部都在此，斯坦福大学、加州大学伯克利分校等更是莘莘学子向往的世界级名校。在这么美丽的地方举行的马拉松，怎么可以错过？

　　得知旧金山马拉松的消息，是从美国俄亥俄州立大学体育管理学博士、跑步爱好者和传播者谢顿处。有一天，我和这位北大才女聊起跑步，她提起2015年7月26日要参加旧金山马拉松。我问她原因，她以一位多次跑过该项马拉松的老跑者的角度向我详细介绍了这个比赛：旧金山马拉松的路线非常棒，是一个环形赛道，经过渔人码头、金门大桥、金门公园，独具特色的街道高低起伏，小坡很多。旧金山马拉松的项目也很多，包括全程、前半程、后半程（即把全程分为两个半程）、极限挑战跑（提前从前一天晚上沿着赛道跑一个全马，结束后再从起点正着跑一个全马）、5公里跑等。还有一个比较重要的原因——旧金山马拉松举办的时间经常和她的生日在同一天，有一种特殊的缘分。谢顿已经在全球参加了几百场跑步赛事，更是多次参加全球六大马拉松。旧金山马拉松报名很方便，登录官网，先到先得，关门时间6小时，要求填写大致完赛的时间。到了现场我才知道，这是为了便于给大家编排号码和分组。组委会把所有参加的跑者分成若干个"wave"，比如你报3小时半到4小时完赛就会分到第3个"wave"，4小时到4小时半就会分到第4个。号码布的第一位号码就代表了你的"wave"，起跑时每个"wave"之间间隔一定时间，分别出发，跑得快的在前。这是非常科学的一种分法，一是避免出发时拥挤，二是避免跑得慢的跑者在跑得快的跑者前面出发而造成拥挤和堵塞。

由于天气的原因，飞机延误了3个多小时，入境时又赶上排大队，出来时已经是下午4点钟了。周六一早，我就出发去领物的地方，这个地方就在海边。领物的地点门外很热闹，进去是跑步展览会。打印或出示电子版的邮件，带着身份证明（基本没看），取了号码布和芯片，芯片就是固定在鞋上的环形纸圈。然后领了长袖的T恤、一张地图、透明的领物带，这就是所有的物品，比起100多美元的报名费来似乎显得比较"寒酸"，而且只有一块号码布。存包的话可以用现场的笔在透明领物带写上自己的号码；如果想调整出发顺序或参赛项目，现场还可以根据名额情况决定是否允许调整。

领物后我逛了逛现场的摊位，从跑步装备、营养补给到按摩恢复等一应俱全。来自世界各地的跑者相聚于此，非常热闹。值得一提的是，在现场还可以领取一个手环，凭此在比赛结束时可以享受啤酒（我们领取了，但是赛后并未去，遗憾）。沿着领物的地方往上走就是Fort Manson Golden Gate公园，可以看到不远处的金门大桥。时值周末，到处都是骑行和跑步的人们，他们享受着运动带来的快乐，惬意无比。

晚上，由于时差和兴奋的缘故，10点多才睡下，凌晨2点多就醒了。快4点时出发前往赛场。存包很方便，有一排UPS的车，每辆都有不同的编号，大家根据编号存取即可，非常方便。唯一比较麻烦的是上洗手间，排队很长，我们决定在出发后的第一个补给点再去上洗手间。前往属于我们的"wave"区域，官方也没有统一的热身，跑者们在沿途和区域内根据自己的习惯做拉伸和慢跑，让身体热起来。伴随着一波波跑者的出发，我们也不断往前，顺利出发。天气有点阴沉，略微飘着雨点，非常适合跑步。我与谢顿姐和她的两位博士朋友一同开始了 26.2 英里的美好旅程。今天定的目标就是慢跑，享受比赛，感受美好的旧金山。我们一直以 6 分钟到 7 分钟每公里的配速前进着，跑过几英里后，沿着海边上了金门大桥，大家都很兴奋。由于是分组出发，我们上桥时已经有返回的跑者，景象蔚为壮观。而且因为天阴，桥上有点雾气，更增加了神秘雄壮的氛围。

天色渐渐明亮起来，我们沿着跑道继续前行，"兔子"们穿着黄色的衣服，举着牌子前行。跑道弯弯曲曲，高低起伏，大家也愉快地奔跑着。补给点的志愿者高喊着，路边加油的观众也不断喊着各种口号为跑者加油鼓劲。跑过金门公园时，正好赶上第二段半程马拉松开始，很热闹。

从金门公园出来继续跑，慢慢进入旧金山市区。这里要特别介绍一下，赛事组织方会实时根据跑者的数量和交通的情况，不断关闭、开启不同的赛道，所以会出现好几个街道都有跑者在奔跑的情况，设计非常科学。而且市区里会有很多当地百姓在自家门前摆上两张桌子，给大家提供饮料和水果。唯一需要注意的就是这一段就是不断地上坡和下坡，体力消耗比较大。其间，同行的宏林博士在 17 英里处大腿开始抽筋，给他做了拉伸和恢复，后来他在 22 英里处跑丢；在我们最终通过终点后，他也靠着自己的毅力完赛。另一位建国博士酷似林志炫，跑步姿态很好，节奏掌握得也好。最终我们四个人都顺利完赛。

通过终点的时候，现场的主持人会根据你的号码念出你的名字，非常人性化。一过终点，右侧就是医疗点，再往前，是第二段半程和全程领奖牌的地方，跑者挂上奖牌，披上保温膜。再往前走就是各个赞助商的摊位，各种免费物品随意领取，有水、功能饮料、牛奶、薯片等。在终点处，是焦急等待跑者的家属们，看到自己的英雄归来，人群中不时爆发出一阵阵欢呼声。取了东西，查了查成绩，我们就返回了。

回忆旧金山跑马拉松的过程，有几点感触。

一是赛事组委会的组织细致和熟练。报名后我们不断收到组委会发来的邮件，提示各种赛事信息；跑步分批次出发；存包很方便；工作人员很专业；观众很热情；

赛前取物和赛后专区做得很好；垃圾回收标注很清楚。特别要提到的是组委会的官网，针对电脑和手机客户均设计了版本，赛时，可以在官网查询行进轨迹，而且对赛事地图、赛程、观众指南都做了很好的介绍，这些都值得国内马拉松组织者学习。

二是存在一些问题。虽然组委会准备了固定的垃圾桶，还有志愿者拿着黑色的垃圾袋在大家前行的路上，但还是有很多选手将杯子随手乱扔，弄得满地都是；赛事选手服务包也相对简陋一些。

三是跑者水平不一。上到 70 多岁的老人，下到十几岁的小朋友，都能在赛场一展身手。但是不少看着很苗条的黑人选手和欧洲选手，跑步动作和姿势也有不科学的，同样面临科学跑步的问题。

他山之石，可以攻玉。近几年来，国内跑步赛事蓬勃发展，赛事组织方也广泛学习、总结经验，赛事组织水平已经达到了一定的水准，有些细节甚至超过了国外赛事的水平。与国外赛事相比，我们缺少的主要就是经验的积累。去外国参赛的最大的感触就是他们做得太熟练了：赛事组织者很熟练，观众和志愿者也很熟练。每年到了马拉松这一天，城市里的各个工种和人员都可以找到自己的位置。相信经过几年的发展，国内的跑步赛事会越来越成熟，也会吸引来自世界各地的跑者来参赛，未来世界著名的马拉松赛事一定会有国内赛事的一席之地。

一座热爱运动、处处散发运动魅力的城市，一定是一座活力之城、健康之城、幸福之城。如果你也想感受一下这种活力、健康和幸福，不妨来旧金山体验一把。当然，如果你能带着心爱的人一起来一场说跑就跑的马拉松，那一定是极好的。

夏天，和马拉松谈一场恋爱

提起夏天，自然会让人联想起"骄阳似火""炎阳炙人""夏日炎炎"等看着就会感觉"着火"的词。虽然有"绿树阴浓夏日长，楼台倒影入池塘"和"接天莲叶无穷碧，映日荷花别样红"这样的美景，仍然不若冰冷的饮料和大西瓜来得解暑降温。在这个走几步都会出汗的季节里，马拉松赛事也进入了休整期。因此，如果想在夏天跑一个马拉松，贵阳马拉松是不错的选择。

在那些不跑步或者刚刚进入跑步圈、还没开始体会到跑步乐趣的人看来，这个群体绝对是着魔了，大热天的还跑这么长的距离，似乎需要著名的团体心理治疗师亚隆出山，治疗整个群体的"疾病"。但我想用他在《爱情刽子手》中的一句话来做个辩解，亚隆说：我们生活中的四个既定事实与心理治疗息息相关：我们每一个人和我们所爱的人都会面临死亡；我们需要自由；我们内心深处感到自己是孤独者；人生并无显而易见的意义可言。而大热天跑步，与上述四个既定事实并无明显关联，且贵阳的夏天与别处的夏天不一样，因为这里夏季的平均温度为23.2摄氏度，最高温度平均在25～28摄氏度之间，在最热的7月下旬，平均气温也仅为23.7摄氏度。于是，想要不停奔跑在朝圣路上的我，来到了贵阳。

"贵阳"之名较早见于明（弘治）《贵州图经新志》一书。书中有云："郡在贵山之阳故名。"古代在地名的命名中，常以所在地附近的山水阴阳向背取名，山之南为阳，山之北为阴。这就是说，贵阳因为在贵山的南面而得名。

2015年7月4日，我从北京乘坐早班飞机飞往贵阳。飞机上绝大多数是参加贵阳马拉松的跑友们，我遇到了优客工场创始人毛大庆，时任中国田径协会马拉松办公室主任张永良等跑圈的参与者和组织者。在飞机上，我翻看着跑友们发来的参赛提示和组委会发布的新闻。2014 年，贵阳举办了第一届半程马拉松，不少朋友来参赛，都提到了凉爽的天气和高海拔。2015 年是第二届，由半程升级为全程，还包含半程、3 公里体验跑等。赛事规模达 1.5 万人左右。贵阳提出了一个口号，要打造"中国夏季马拉松名城"，展示"中国避暑之都"的魅力。

不知是不是为了更好地做到这一点，贵阳马拉松的时间和赛道经过几次调整，最终选定了以青岩古镇为起、终点，贯穿田园路和贵阳至花溪城区的主干道清溪路，途经国家级湿地公园、国学圣地孔学堂、贵州民族大学、贵州大学、花溪公园、桐木岭的线路，充分体现花溪的自然山水、历史人文、自然景观和城市风貌。

一下飞机，我就被凉爽的天气所"震惊"，穿着短袖还有点微凉。由于早起赶飞机，加上在飞机上睡了一觉，我饥肠辘辘，在去往领物地点"贵州骏驰国际赛车场"的路上，顺道去了花溪公园旁边的"花溪飞碗牛肉粉"，粉粗，汤味浓郁，再加点辣椒粉，一大碗下去，非常爽。

吃完后来到取物地点，人不是很多。进入赛车场后，正对面就是一个大屏幕，正在播放体育节目，左手边的赛车体验区里正有不少人在享受驾驶的乐趣。领物手续也比较简单，与其他赛事不同的是，每个人还专门配发了一个运动员证。领物处对面就是一些赞助商的摊位，现场整体上比较简单，和前阶段参加的上海半马取物处的丰富多彩的安排相比，可提升的空间不少。

装备包里是号码布、芯片、赛事 T 恤和秩序册、服务指南。可能由于是第二届的缘故，还没有经常会在其他马拉松装备包里看到的优惠券、能量胶或营养片等（相信明年会有的）。

由于第二天早上 7 点 30 分就要开跑，且赛场周围的酒店和客栈有限，我预订了离赛场一个多小时路程的酒店（下次来参赛的跑友一是应尽早预订，二是应预订组委会有专车直达的附近的酒店），所以取物后立刻赶往酒店，稍微吃了一点东西，准备了一点面包和香蕉，把芯片系到鞋带上，把号码布贴在衣服的前后，然后按照常年跑马养成的习惯，赛前一晚充分拉伸，然后就休息了。

第二天早上 4 点多，调好的闹钟准时响起。我快速洗漱，吃了 4 个小面包和 1 根香蕉、喝了点水就出发了。

到达现场之后已经是 6 点 30 分左右，由于这次报的是半程，也没有存包，我直接戴好耳机、手机、导汗带就走上了赛道。虽然赛道标注了 3 公里、半程和全程，但是并没有明显地隔离开，所以基本是"先到先得"，早到的跑友在出发点的最前面，后到的依次排后。也没有听到热身的音乐和带操的教练，自己小跑一会儿，然后做了一点拉伸就准备起跑了。要说明的是，天气阴沉，温度只有 17 摄氏度，不过幸亏自己准备得充分，带了压缩衣套在里面；也有不少跑者起跑前套上一次性雨衣保温。

在跑道上我遇到了很多熟人。央视体育频道主持人于嘉由于飞机晚点，凌晨 2 点 30 分才到达酒店，睡了 2 个小时就来跑全程，精神可嘉。聊天时我提到，还是应该保证充分的休息。万科集团跑步协会会长解冻带着万科跑步协会的十几个人参赛。普通跑友可能知道更多的是万科的郁亮和前副总裁、现优客工场创始人毛大庆爱跑步，很少有人知道解冻这个名字。这位 1992 年就进入万科集团，从普通职员做到监事会主席的老哥，由于多年从事人事工作的缘故，让接触过他的人都会被他的谦虚低调、热情周到、关心年轻人所折服。他也是一个运动爱好者，从自行车到跑步。他已经跑过了六大马拉松的一半以上，这次来也是跑全马。在聊起最近跑步的感受时，他特别提到，一是一定要科学训练和参赛，千万不要受伤，这是底线，也是需要时刻注意的；他在 2016 年的松花湖冰雪马拉松上受伤，有半年时间处于恢复状态，这种想跑还不能跑"过瘾"的状态很难受。二是要注意力量训练，平时工作很忙、鲜有时间去健身房的他，买了一台划船器放在自己的办公室里，每天练 20 分钟。听着他分享跑步心得，看着他脸上洋溢的那种幸福，我深受感染。

7 点 30 分，比赛正式开始。一开始就是一个小下坡，然后左转，3 公里处是第一个水站。赛场周边的自然环境非常优美，不时有身着"奇装异服"的跑友跑过，赤足跑的跑友似乎也比平时多；还看到了一个轮椅跑者，大家都在为他加油鼓励。赛前我特别咨询了世界大学生运动会半马冠军、也是好几届上海半马及扬州半马冠军的赵冉：这种赛道如何跑。他建议，前期可以稍微慢点，毕竟有一定的海拔高度，最后可以冲一冲，所以基本上前半程都是在 4 分钟 50 秒的配速。到了半程的折返点后，全程的跑友继续向前。我右手拿着手机，耳机里播放着音乐，不知不觉过了 12 公里，补了一点水，继续跑。赛道上有几个上坡和下坡，到了 17 公里处，我准备冲一冲，于是基本上到了 4 分钟 40 秒的配速。这一两年，明显感觉跑友们的水平都在大幅提高，4 分钟 40 秒仍然不断被一些跑友超越。最终以 102 分钟完赛，除去中间 2 分钟上卫生间的时间和几处走走停停、拍拍照片，整体感觉不错。

到了终点后，右拐就会看到终点的大屏幕。取了奖牌和大毛巾，半程的不知为什么没有餐包（水也没有），贵阳半马就结束了。跑下来之后有几点感受。

先说优点：自然条件优越，气候适宜，环境优美；半程折返点和终点处观众非常热情。

再说可以改进的方面。

一是领物处可以更多地学习上海半马等赛事，给跑者提供更多的服务，如拍照、个性 T 恤印制、"加油"视频录制、赞助商活动专区等。

二是出发区域，全程、半程和 3 公里体验跑的分区域检录没有做好，基本上混在一起。明年可以考虑将全马、半马和 3 公里分开发枪，避免出现起跑时可能的混乱和不安全，同时还是要做好赛前热身操。

三是赛道的补给点，针对夏季跑步出汗导致水分和盐分流失较大的特点，水和功能饮料要供应充足（包括杯子）、可以考虑提供盐水或盐丸。另外，因为自然环境非常优美，建议在补给点旁边设置好水杯等垃圾的回收区域，不然补给点附近满地的纸杯与优美的自然环境格格不入。

四是考虑在终点处给所有跑步的人供应餐包和水等。夏季跑步很容易抽筋，可以考虑引入赛后按摩放松区域，此外增加一些针对跑者的拍照、赞助商互动等板块。

五是在一些节点处增加关于贵阳人文历史、景点等的介绍和特色展示，充分展示贵阳的魅力。

六是可以推介几条短途的旅游线路，联系好旅行社，便于有旅游意愿的跑者选择。

七是围绕"夏季马拉松名城"这个概念，充分做足文章，再去提炼赛事的文化内涵。还可以开展摄影比赛、自媒体宣传活动等，发挥和调动每一位跑者的力量，共同为打造这一概念出力。

顾漫在《何以笙箫默》中表达了一种幸福，那就是"执子之手，与子偕老"。女人最浪漫的事不是遇到白马王子或成为灰姑娘，而是永恒不变地被一个男人爱着，陪着他一起慢慢变老。这一切的美好，都需要从一场恋爱开始，无论是七年前抑或七年后。

如果你在夏天想和马拉松谈一场恋爱，不妨从"爽爽的贵阳"开始；尤其是参加了新加坡"日落马拉松"，凌晨起跑、又困又热的跑友们，贵阳马拉松在等待着你。

跑过冬天

每年 12 月份，入冬。

郁达夫先生在《北平的四季》中说："北平自入旧历的十月之后，就是灰沙满地，寒风刺骨的季节了，所以北平的冬天，是一般人所最怕过的日子。"是蛰伏过冬，还是坚持跑步？

这是一个复杂且没有标准答案的问题，我从一个纯粹的跑步爱好者的角度出发，对即将面临第一个冬天跑步的新晋跑者说几句关于冬天如何跑步的事；选择室内跑步或已经坚持了多年冬季户外跑步的资深跑友可以忽略。

第一，根据自己的收入水平，选择合适的装备，注意保暖，防止冻伤。"兵马未动，粮草先行。"冬天户外天气较冷，要特别注意保护裸露在外的头部、耳朵、手部，合适的帽子和手套是必需的。穿多少衣服，则要根据气温、耐寒能力和跑步习惯来决定，一般是在户外的时候感到微冷不热即可，因为跑起来随着身体发热，就恰到好处了。可以穿紧身衣或紧身的棉质内衣，外面套一件防风性能较强的外衣。如果实在不愿意戴帽子和手套，则一定要把暴露在外的身体部位抹上适量的防冻膏、抗寒霜和油脂等，以防皮肤冻伤。对于鞋子要根据路面状况进行调整，尽量选择鞋底摩擦力较大的。遇到雾霾天气还要考虑戴口罩等必要的防护措施。此外，若是在雪地跑步，要佩戴墨镜防止雪盲。如果看到那些在严寒天气还是短衣短裤的跑友，千万不要盲目模仿，要循序渐进，通过自己不断锻炼，不断提高耐寒能力，再适当减少身上的装备。

第二，要根据天气情况调整跑步计划。凡事预则立，不预则废。冬季跑步，计划很重要。要根据自己的实际情况，制定合适的计划，如隔天跑 5 公里，每天 30 分钟，一个月跑 100 公里等。但是如果遇到大雪天、雾霾天气、风沙天气或低温寒冷天气，可以缩减或取消当天的计划，在室内做一些活动即可，千万不要强行进行户外跑步。

第三，要注意跑前热身和跑后恢复。在天气寒冷的条件下，人体的肌肉和韧带、关节的柔韧性等机能都会下降。所以一定要注意热身，不要急于开跑。根据自己的习惯拉伸肌肉，活动关节，步行或慢跑几分钟，热身充分后，适当补充温水后再出发。跑步结束后，要及时换上干爽的衣服，做好拉抻和放松，避免感冒和运动损伤。

第四，跑步过程中要注意的细节。根据自身体验来说，以前主要以口部呼吸为主，冬季寒冷而干燥的空气对呼吸系统的刺激很大，会造成咽喉的不适。因此，冬季跑步要试着调整成鼻腔或口鼻混合呼吸的方法，以减轻寒冷空气对呼吸道的不良刺激。为了配合呼吸的调整，步伐和速度可以适当放缓，不要剧烈奔跑，这样还可以减少对心脏的过度刺激。遇到路滑、上下坡或雪地的时候，可以减慢速度或步行通过。在有风的天气外出跑步，如果条件允许的话。朝着逆风的方向起跑，这样返回时就可以处于顺风的方向，此时体力不如刚起跑时充沛，且已经出汗，顺风可以防止风吹得头疼。跑步过程中遇到腹痛或是肌肉痉挛，不要盲目坚持，应及时调整和治疗。当然，最重要的一点是，在跑步的过程中一定要心情放松，试着去享受冬季跑步的乐趣。

以上只是一些小的建议，新晋跑者还需要多向身边常年坚持冬季跑步的跑友请教，亲身参与其中，跑过冬天。

"北平的冬天，冷虽则比南方要冷得多，但是北方生活的伟大幽闲，也只有在冬季，使人感受得最彻底。"郁达夫先生这样说。

冬天来了，春天还会远吗？

当城市爱上马拉松

纵观全球各地，马拉松已经逐渐成为打造城市名片的"利器"。城市，正在爱上马拉松。

伴随着生产力的不断发展，城市作为一定历史时代的产物出现了，而在发展过程中多元文化的不断碰撞和融合，又造就了每一座城市的独特气质。2010 年上海世博会提出"城市，让生活更美好"的主题，代表了人类追求城市居住者与环境、空间与时间、经济与社会和文化等各种因素平衡与和谐的态度。而马拉松似乎正符合城市对于"梦中情人"的种种幻想。从 1897 年波士顿第一场城市马拉松比赛有十几名选手参赛开始，到现在每年遍布全球大大小小城市数百场赛事、数千万参赛者，用狄更斯在《双城记》中的一句话来形容就是，对于城市和马拉松，"这是最好的时代"。

首先，马拉松满足了城市居住者参与全民健身运动的愿望。从 1995 年的《全民健身计划纲要》到 2009 年颁布的《全民健身条例》，再到 2011 年出台的《全民健身计划（2011—2015 年）》、2016 年出台的《全民健身计划（2016—2020 年）》，在各级政府的大力推动下，全国上下掀起了全民健身运动的热潮。此外，由于物质生活的不断丰富和社会节奏的日益加快，人们更加关注如何保持身体的健康状态。囿于特定场地、时间、经费等多方面的问题，参与其他运动存在一定的门槛。但是跑步作为一项简单易行的运动方式，不需要器材和特定场地，不限于具体时间，只需一双跑鞋即可；运动时还可以自由调节速度，缓解压力，和跑友们进行社交互动，正好满足了人们的健身需求。马拉松作为大型跑步活动，集竞技性和健身性于一体，参与人数广泛，气氛浓烈，充满快乐，自然成了跑步的首选。

其次，马拉松可以最大限度地展示城市风貌。马拉松全程四十多公里，对于参赛者来说，是难得的用脚步丈量距离、用心去感受城市美丽风光的机会；对于主办城市来说，更是全方位展示城市自然风光和历史人文的平台。北京马拉松可以感受天安门的宏伟雄壮，上海马拉松可以感受外滩的时尚亮丽，西安马拉松可以感受古城墙的历史风韵，兰州马拉松可以感受黄河的磅礴气势，杭州马拉松可以感受西湖的"淡妆浓抹总相宜"……城市的管理者们也通过完善城区街道的基础设施、打造地标建筑、修缮历史古迹、改善空气质量、做好绿化和环卫等多种方式，把城市最美的景色展示给与马拉松赛事相关的每一个人。

再次，马拉松能够产生巨大的经济效益。这是一笔很简单的经济账：数万人集中参赛，不少跑者还携带家人和朋友，住宿、饮食、出行能够直接带动酒店、餐饮、交通、观光等行业的发展。根据中国田径协会的数据，2017 年，马拉松及相关运动的直接从业人口达 72 万，间接从业人口达 200 万，共 272 万；年度产业总规模达700 亿元。

城市，如何更好地爱马拉松？

要注重安全。近年来，猝死事件偶有发生，赛事组织混乱的情形也时有出现，再成功的赛事也往往因为这些事件而蒙上阴影。所以，要细致周到，精心筹备，认真组织，做好安保、交通、医疗等多方面的工作，随时准备应对各种突发情况。

要以人为本。马拉松归根到底是为"人"服务的。要让举办城市的市民感受到生活不受打扰且愿意为选手加油鼓劲，要让参与赛事的跑者感受到贴心的服务和城市的包容，要让所有的人感受到健康的氛围和积极向上的正能量。

要注重文化的积累和品牌的打造。目前，国内的马拉松赛事除了北马有超过30 多年的历史外，绝大多数还处于起步阶段，且主要精力放在赛事活动本身上，对于马拉松文化的积累、品牌的打造，与波士顿马拉松等还存在不少差距。要通过努力，使中国的城市马拉松成为全球范围的著名品牌赛事。

当然，以上三点是远远不够的，《那些年，我们一起追的女孩》里有这样一段话："我会继续努力的，这辈子我都会继续努力下去的。你就耐心等待我追到你的那一天吧。请让我继续喜欢你。"城市和马拉松的这场爱恋已经持续百年，城市需要继续努力；而对于马拉松，请让城市继续喜欢你。

一直爱下去。

告别抑郁症：从你的全世界跑过

跑步的好处有很多，其中之一就是能应对抑郁症。前些日子，青年艺人乔任梁因为抑郁症而结束了自己年仅28岁的生命，让人扼腕叹息。受抑郁症折磨的名人有很多：电视屏幕上思维敏捷活跃的崔永元，文学巨匠海明威，后印象主义先驱凡·高，"女神"戴安娜王妃，连给人们带来无数欢乐的"憨豆先生"罗温·艾金森等都在此列……朱德庸曾说，"这个时代就像一个正在加热的平底锅，我们大多数人则像锅里乱蹦乱跳的爆米花，唯一的差别只在你是甜的、咸的还是无味的"。所以，抑郁症并不是"名人的专利"。具有关部门统计，全球已超过3亿人患有抑郁症。

什么是抑郁症？抑郁症又称抑郁障碍，以显著而持久的心境低落为主要临床特征，是心境障碍的主要类型。抑郁症的起因很复杂，涉及遗传、心理和社会环境等多方面；抑郁症的表现也有很多，包括身体上的睡眠障碍、食欲减退、体重下降、身体疼痛，精神上的心情低落、思维迟缓、意志减退，严重者悲观厌世，甚至导致自杀；药物、心理和物理治疗是目前常用的治疗手段，但是相对而言都比较"消极"，需要一些更为"积极"的办法，比如跑步。

优客工场创始人毛大庆曾经分享过他用跑步摆脱抑郁症的故事。他发现自己整晚睡不着觉，然后内分泌不好、不想吃饭、食欲不振，然后免疫力下降，口腔溃疡、感冒，然后情绪极其负面，不愿意和人交流。被医生确诊为比较初级的抑郁症后，医生给他开了7种药，但问题一点都没有解决。后来万科总裁郁亮先生"逼迫"他跑步，他开始从快走到慢跑，再从1公里、2公里到奥森南园5公里；从5公里歇4次，跑跑走走，再到 5 公里歇一次，最后 5 公里连贯跑下来。他开始和自己对话："我也能跑 5 公里了？"这位 40 多岁的中年男人开始上瘾了。最狂热的一年，冬天无论零下多少度，无论是下大雪还是刮大风，没有一次中断。从这开始，他走上了半马、全马，现在居然成了马拉松的推广者。他确实认为马拉松能治抑郁症，因为跑步把他给治好了，后来药也不吃了，睡眠也很好。他说，生活在北京这种城市，最希望的是找到一个能"留白"的事，人生没有留白是非常悲剧的。每一次享受马拉松，他就找到了 4 小时的留白，那 4 个小时手机也不接，脑子里什么事情也想不起来了，就是跑步，往前看，看眼前的风景。

其实，跑步对治疗抑郁症有帮助可以从以下几个方面去理解：跑步可以增强体质，跑步时大脑分泌的内啡肽可以让人体验到快乐，通过不断地去达成跑步目标可以增强自信心，而且结伴跑步更是可以感受到来自跑友的鼓励和支持，克服孤独感。国内知名心理和成瘾治疗专家何日辉曾经写文分析过跑步对治疗抑郁症的作用。他指出，大量证据表明，跑步对于抑郁症患者的康复有帮助作用，跑步可以提升体内神经递质如内啡肽和大麻酚的水平，从而改善情绪。当然，需要注意的是不能过度夸大跑步对抑郁症治疗的作用，还是要根据患者的病情，以目标为导向，以开放的心态，将药物治疗、心理干预、运动疗法、物理疗法、中医中药、饮食疗法等结合在一起，取百家之长，融会贯通，为我所用。所以，如果你或者身边的朋友有正在遭受抑郁症困扰的，不妨在治疗方法里添加上跑步。在用脚步丈量城市、用汗水浇筑梦想的同时，去体验跑步带来的健康和快乐。

张嘉佳在《从你的全世界路过》中写了 33 个爱情故事；专栏作家叶克飞说，这里面的爱情"有爱而不得的疼痛，有生离死别的遗憾，有一再错过的宿命，也有喧嚣之后的回归和温暖"。我希望，以后可以写一本《从你的全世界跑过》的书，在这里面，没有遗憾、没有宿命，只有回归和温暖，全部的故事都是因为跑步治好了抑郁症，重新开始阳光的人生，积极生活的鲜活生命。

从你的全世界跑过。从此，你不再抑郁。

奔跑，是一种生活态度

德国小说家弗兰克曾说："我可以拿走人的任何东西，但有一样东西不行，这就是在特定环境下选择自己的生活态度的自由。"

的确如此。而奔跑，何尝不是一种生活态度。

2013年我前往加拿大温哥华开会。早就听说温哥华终年气候温和、湿润，环境宜人，是户外运动的天堂，所以尽管日程紧张，还是在行李箱里塞了一双跑鞋，用脚步去记录世界上最适合人类居住的城市之一的美景。

会议结束之后，我迫不及待地前往闻名世界的斯坦利公园。斯坦利公园位于温哥华北端，总面积超过6000亩，是北美地区最大的市内公园，公园里有海滩、湖泊、图腾柱、游乐园、大片的绿地，景色优美，环境宜人。沿着斯坦利公园和市中心的海堤线，是温哥华最受欢迎的跑步路线，也被称为世界上风景最美丽的跑步路线之一。到达公园后，我立刻被眼前的场景所感染——到处是运动的人们，有的在骑行，有的在轮滑，还有的在跑步：跑者或三两好友结伴，互相聊天、悠闲前行；或独自一人戴着耳机欣赏音乐；抑或举家出行，父母陪伴着歪歪扭扭前行的宝贝们，享受天伦之乐。此时此刻，奔跑不再是速度的较量，不再是锦标的争夺，而是在充满爱和幸福的成就感下，一种内心的宁静，一种精神的愉悦，一种积极向上的生活态度。

温哥华代表了这种生活态度。仅以跑步活动为例，"温哥华太阳长跑"、沉船滩裸跑比赛、儿童跑步日、BMO马拉松等丰富多彩的跑步活动贯穿全年，大街小巷随时随地都是跑步的人们。跑步用品更是琳琅满目，去商店的跑步专柜一看，多种品牌的最新款鞋子都可以买到；店员专业知识相当丰富，会根据你的体形、跑步特点等为你推荐合适的装备。在这里，跑步太平常了，平常到人们都没觉得跑步是一项运动，而是和吃喝拉撒睡一样的基本需求。

我们需要这种生活态度，世界需要这种生活态度。

在加拿大的会议上我遇到了国际群体协会的秘书长鲍曼先生。与他聊起温哥华的见闻时，他提到国际群体协会正在参与由耐克公司、美国运动医学会、国际运动科学与体育教育理事会等多家机构在全球范围内发起的一项名为"为动而生"（design to move）的计划。2014 年 8 月 22 日，在北京召开的全国第三届健康生活方式大会上，耐克大中华区也正式发布了《为动而生：促进身体活动的行动框架》中文版，旨在与社会各界共同协作，将运动更多地融入人们的日常生活，同时引导下一代，竭尽所能让他们成为在生活中热爱运动的人。

由耐克公司委托北卡罗来纳大学的吴淑文教授和巴里·波普金进行的独立研究 *Time Use and Physical Activity: A shift away from movement across the globe*，显示了世界各国人们身体活动的下降幅度，调查结果触目惊心。从发达国家来看，仅仅 44 年间，美国人的身体活动就下降了 32%，照此趋势，到 2030 年下降幅度会达到 46%。而英国人的身体活动在 44 年内也下降了 20%，等到 2030 年下降幅度会达到 35%。在经济快速增长的新兴经济体的国家中，身体活动水平下降的幅度更加明显。该研究指出，短短 5 年间，巴西人的身体活动水平就下降了 6%。照此趋势，2030 年巴西人身体活动的下降幅度会达到 34%，其下降速度比英国要快出一倍多。

随着经济和社会的发展，我们把越来越多的时间放在工作、学习、生活、应酬等方面，而用于运动的时间越来越少，很多人甚至严重缺乏运动。柳宗元在《杨评事文集后序》中说："其余各探一隅；相与背驰于道者；其去弥远。"发展是为了更好地生活，而不是背道而驰，以放弃健康的身体为代价。因此，该框架也提出了倡议，其中之一就是要让身体活动成为日常生活的一部分。让奔跑成为一种生活态度，将是对这一倡议的强有力回应。

不妨放下手头的事务，穿上跑鞋，和家人、和朋友、和自己奔跑起来，用实际行动亮出你的生活态度。

这种态度，如此美妙。

我们离"六大"有多远？

作为全世界跑者心中的殿堂级赛事，波士顿马拉松与纽约、伦敦、芝加哥、柏林和东京马拉松同属于世界马拉松联盟的赛事，国内一般称之为"六大"。这六个赛事的组织者联合成立该联盟，就是为了发展马拉松运动，提升精英运动员的知名度，同时提高跑步爱好者对顶级赛事的参赛兴趣。六大在世界上的影响与日俱增，成为全球跑者逐梦的舞台，不少跑者更是参加完成了全部的六大比赛。对于完成六大的跑者，世界马拉松联盟会在官方网站公布信息，并寄送电子版和纸质版的六大完赛证书。

近年来国内马拉松赛事如火如荼。六大真的那么好吗？我们与六大的差距在哪里？如何打造世界级的马拉松赛事？

首先，一定要有自己的特色。"山不在高，有仙则名；水不在深，有龙则灵。"波士顿马拉松严苛的报名资格、纽约马拉松的浩大声势、芝加哥马拉松的高额奖金、柏林马拉松的创造好成绩、伦敦马拉松的慈善、东京马拉松热情的志愿者和观众，都成为各自的标签。国内马拉松赛事也在注意打造自己的标签，如北京马拉松在2015年取消了半程，成为纯全程的赛事，同时还增加了跑团竞赛的环节，慈善环节也逐步发展起来。在打造标签的同时，一定注意不要"求多求全"，要按照举办城市的人文历史、赛道的特点等去寻找最匹配的标签。如郑开马拉松大直道的赛道设计，完全可以打造"跑出 PB"的标签；上海这座国际化大都市，完全可以打造"最潮最国际"的标签；还有的马拉松可以打造"最生态""最艰苦""最美丽""最青春"等标签。"百花齐放才是春"，在赛事数量增长的同时，不断打造属于自己的标签，才能在众多的马拉松赛事中脱颖而出，独具一格。

其次，要内外兼修，以内为主。唐代诗人韩愈在《送李愿归盘谷序》中写道："曲眉丰颊，清声而便体，秀外而惠中。"参加过六大或国外比较著名的马拉松赛事的跑者会有这样的感觉：其实国外很多马拉松的硬件（如赛道、补给的物品等）不一定比国内好，但是赛事组织者和志愿者服务的专业水平，观众加油呐喊的时机，分组检录分批出发，终点领取奖牌，报名之后及时的信息传递等细节之处确实值得我们学习。国内的大鹏马拉松选手与工作人员及志愿者1:1的服务比例，杨凌农科城马拉松的人文关怀，都是很好的尝试，得到跑者的好评。相信明年这两个马拉松的名额一定会非常紧俏。修炼内功将成为不少办了2到3届马拉松赛事城市接下来的重要任务。

第三，一定要以跑者为赛事的出发点。"天生万物，唯人为贵。"战国思想家列子早就指出了人的重要性。对于赛事是同样的道理。举办赛事的出发点会有很多，如宣传城市、获得经济收入、吸引投资等，但最重要的就是千千万万参与赛事的跑者。如何从开始报名到比赛结束，都让跑者有良好的体验，全身心享受整个过程，这才是赛事持续发展、成为跑者公认的跑步殿堂的核心和关键。而且，跑者是赛事最核心的资源，前面提到的打造特色、修炼内功都是以跑者为中心的具体体现。

作为一名普通的跑者，真心希望国内的马拉松赛事能够越来越好，更多的马拉松赛事能够接近、达到甚至超过六大的水平，让每一名国内的跑者都能够在家门口享受到高水准的赛事。期待着中国的六大、七大甚至N大的诞生。

乱弹琵琶：北马不得不说的那些事

2015 年 9 月 20 日，第 35 届北京马拉松揭开大幕。3 万余名中外跑者共同经历了这场 42.195 公里的城市狂欢。昨天朋友圈最多的就是两条：一条是跑友晒参加北马图片的；另一条就是没参加北马的晒微信运动排名，第一名基本都是跑北马的朋友。北马结束后，朋友圈又被各新闻媒体、意见领袖、普通跑者对北马的评说占领，《论一场 3 万人马拉松的"自我修养"》等评论在朋友圈传播。总的来看，大家对北马有褒奖、有批评、有鼓励、有希冀。综合与组织者和身边参赛朋友们的一些沟通、了解，我从一个参加了北马的普通跑者的角度，与大家一起回顾一下北马那些事。

北马组织者：从心出发 一切为跑者服务

在 2015 年 7 月 8 日的北京马拉松新闻发布会上，时任国家体育总局田径运动管理中心副主任的王大卫说过这样一段话："当前国内马拉松赛事达到百场以上，跑步人口基数扩大，选手水平普遍提高。北马作为领军赛事，代表了中国马拉松运动由量向质的转变。北马向全马赛事转变之后，服务人群依然面向普通大众，只不过定位人群更加精准、赛事特色更加鲜明。"我和大卫主任经常会聊起马拉松的事情，印象最深刻的是，每次他都会问："这次比赛的感受怎么样？""哪里还有需要改进、提高和做得不够的地方？""有什么意见和建议？"在他看来，一项马拉松赛事的成功，一定要服务好跑者，让每一名跑者满意。

2015 年北马的口号是"从心出发"，为了做到这一点，组委会在赛前就做了很多改革和创新。

一是举办时间提前。2014 年 10 月份的重度雾霾让不少跑者弃赛，参赛的选手因为糟糕的天气，体验也不好。2015 年北马组委会充分与气象部门、环境监测部门沟通，最终将比赛时间提前到了9月20日。从2014年9月份的天气数据来看，空气质量指数达到优良级别为17天，无重度及严重污染。历史上，9月20日的平均最低温度为14摄氏度，平均最高温度为25摄氏度。为尽可能降低气温的影响，减少对城市交通的压力，组委会还将比赛发枪时间由8点提前至7点半，并提供降温喷淋、降温海绵等多种防暑设施与服务。

二是竞赛项目取消半程，只保留全程和少部分亲子跑名额，调整比赛路线。说2015年是北马"全马元年"不是特别准确，北京马拉松1981年至1995年间就是只有全程比赛，直到1996年增加了10公里赛事，1998年增加了半程。2015年"北马"专注于全程项目，也是向世界著名的马拉松赛事如波士顿马拉松等看齐，而且取消半程项目后就不必再考虑半程终点区域及规划。2015年的比赛路线也进行了调整，比赛路线更加安全、平坦，涵盖更多城市地标，虽然终点还是奥林匹克公园景观大道，但不再围绕奥森跑道转一圈，也有利于选手创造好成绩。同时解决了奥森公园园区封闭、道路弯曲环绕的弊端，有利于开展紧急救援，提升服务保障水平。

三是增设了"马拉松团队赛"。针对国内外数量庞大的跑团集体参赛的需求，北马首次增设了马拉松团队赛。团队的所有选手完成报名并缴费后，即可进入组队环节。团队由5到7人组成，无论性别、年龄，自由组合，但其中至少含1名女选手，以鼓励女性参赛。最后的成绩取每个团队的前5名选手（至少含1名女性），按设定年龄段计算排名系数（选手所在性别年龄段名次/该性别年龄段完赛总人数），最后将5个系数进行累加，系数最小的团体排名第一。

此外，还增加了公益跑和亲子跑环节，选手报名年龄不再设定上限；将关门时间延长15分钟；增加了22.5公里和35公里处两个能量补给站，增设移动AED医疗救援服务；联合六福珠宝共同推出精美镶足金完赛奖牌等。

当然，组委会还在很多细节方面做了考虑，如微信公众号及时发送各类信息；2015年的赛服可以印字；开启了赛程跟踪，亲友们可以以此来判断大概的通过计时点的时间，为选手加油等。

这一切都是努力践行"从心出发"，力图给跑者提供好的参赛体验。

北马赞助商：服务跑者 营销方式提档升级

变化最大的应该是各大赞助商，从马拉松博览会到赛后的品牌展示区，都有了极大的提升。以阿迪达斯为例，在比赛装备包里增加了袜子。在比赛日，阿迪达斯组建了专业的"兔子"团队，一共 8 个组，各水平跑者都可以覆盖，部分女性跑者也享受到了免费接送服务。赛后的阿迪达斯展示区更是得到了跑者好评：一进门，右手边就是降温墙，国外的美女帅哥模特与跑者一起合影。然后可以领取冰袋、冷水沐足、按摩放松、领取北马特刊等，中央区域还有专业教练带领跑者拉伸放松，在这一过程中也让跑者与品牌产生了良好的互动。此外，华夏基金的冰棍、西贝的月饼和纪念版完赛补给品等都是很贴心的服务。

北马跑者：水平大幅提高 跑出真我风采

根据组委会赛后的数据，2015 年北马完赛人数约为 2.63 万人，完赛率 88%，这是个了不起的数据。踏上 2015 年的北马赛道，最大的感触就是，随着赛事的井喷，能跑全马的跑者越来越多，跑者的水平越来越高，5 分以内配速完成全程比赛的跑者人数多了不少。刚刚在北京世锦赛上获得女子 20 公里竞走冠军的刘虹以 2 小时51 分钟取得了女子组第九名的成绩；叶钊颖领衔的 YES 跑团中，孙楠、沙宝亮、曹卫宇等也顺利完赛。无论是 41 岁的夺得冠军的肯尼亚运动员吉普楚姆巴，还是众多业余的跑者，大家都在北马的赛场上跑出了真我，跑出了风采。为大家点赞！

展望未来：直面问题 不断改进和完善

参加过"六大"或国外其他比较著名的马拉松赛事的跑者会有这样的感觉，其实国外很多马拉松的硬件不一定比国内好，但是赛事组织者和志愿者服务的专业水平，观众加油呐喊的时机，分组检录分批出发，终点领取奖牌，报名之后及时的信息传递等细节之处确实值得我们学习。这次北马之后，我觉得学习也需要时间和过程，通过比赛的实践，根据每一个城市、每一条赛道的不同特点来实验、完善。综合大家和自己的意见，以后可以在下面这些点提高和完善。

对组委会来说展览会的领物地点设置可以更合理、更人性化。由于工作和外地跑者来京的缘故，领物高峰基本是周六的中午以后。据当时领物的朋友反映，领取地点不合理，下楼那块儿地方很容易出事故，入口不拦出口拦；不少外地跑者准备在附近找打印机打印领物单，但能找到的只有国家会议中心二层十块钱 1 张的黑白打印；服装只剩下部分号码，尺码不合适等。组委会可以考虑明年针对跑者集中在比赛前一天中午以后领物的特点，做出适当的安排（如增加人手、增加领物柜台、设置打印机以成本价打印等），对于服装号码、尺码统计更细致（如 XL、L 等标注涉及欧码等标准不一的情况，可以考虑按照"180""175"等进行标注），由跑者在报名时提供尺码号码，组委会据此来尽量满足跑者的服装需求。毕竟，绝大多数跑者都希望穿着组委会发的赛服比赛，若由于太大或太小导致穿不上的话，赛事体验会降低不少。

比赛出发区域的拥挤和混乱问题。这是跑者们集中反映的问题之一。顺着大波人流经过地下通道，安检进入天安门广场后，存包处对面的设置就是厕所车，一方面是排队存包，另一方面是上厕所的人排队排到了存包处，加上还有不断穿梭的跑者，人为造成了不少拥挤。在前往 B、C、D、E 区分区的这一小段路上，上厕所排队的、拍照的，加上各种往前拥挤的，根本听不到前面在说什么，唯一听到的就是前面的跑者开始唱国歌，大家就一起跟着唱了；另外就是前面开始移动，知道是起跑了。据不少跑者讲，最后存包来不及了，也只能往上扔；还有跑者排队上厕所，起跑之后十几分钟才排上。如何解决起跑点的安检、厕所、存包、分区起跑等问题，将是组委会的一个重点和难点。3 万多人起跑，天安门广场就这么大，而且也要充分考虑到安检、交通等因素，如果分区再分时出发，还会产生交通管制等一系列问题。但是不分时出发，除了前面提到的问题之外，还会产生大量跑者集中时间到达终点，地铁口和周边疏散交通困难，不少跑者打不到车，地铁大排队等现象。建议此方面还得多向香港马拉松学习借鉴。

关于物资补给问题。这个也是跑者们集中反映的问题之一，尤其是 430 以后完赛的选手们。对于速度较快的跑者来说，每个补给站的补给很充足，这不是问题。但是对于后面的跑者来说，过了 30 公里处后，天气也热了，补水需求也大，最后出现了无水可喝的情况。补给做得好不好，其实关门时间前 2 小时内的跑者最有发言权，越是临近关门时间前完赛的跑者，他们对补给的需求越大，能否满足他们的需求是衡量补给工作的很重要的一点。希望组委会在这方面改进和完善。

对跑者来说首先要对马拉松怀有敬畏之心。北马组委会在赛前发了一封信《对马拉松怀有敬畏之心》，里面有两段话写得特别好。

"亲爱的跑友们，无论您是久经沙场的'老马'还是'菜鸟'选手，永远不要忘记的是：时刻对马拉松运动怀有敬畏之心。马拉松是一项高强度、高风险的运动项目，特别是没有经过系统的长跑训练就去参加马拉松的'无知者无畏'的冒险行为，存在较高的风险。即使是成熟的马拉松选手，在参赛热情高涨、兴奋过度的情况下，运动强度也很容易超出身体极限，造成各种意想不到的运动伤害甚至是死亡。"

"跑友朋友们，马拉松只是您生活的一部分，胜固可喜，败亦无忧，北马年年都有，进退自如方显智慧。我们追求的是健康、快乐和自我实现，而不是速度、名次及炫耀的资本。为此，组委会谨慎地、真诚地告诫所有选手：保持平稳心态、保持自己的节奏，一旦发现问题立即停下来观察调整，必要时立即求助。尽力而为，量力而行。在赛场上所有问题都是可控的，精彩人生尚须由你自己做主。"

这一点特别重要，我们看到，每次马拉松都有跑者出现情况，除了客观原因，不少是因为跑量不够、还不具备完成全马的能力，以及追求超越自身能力的速度等。要时刻对马拉松怀有敬畏之心，时刻谨记上述两段话。

其次，要有赛事的主人翁意识。我不喜欢把这件事上升到"跑者素质"这么高的层面上来，但是我坚信，赛事的成功，仅仅有组委会和赞助商的努力是不够的。比如领物时大家自动排队、不拥挤，提前打印好领物单；比如出发时早点到达赛场，不要拥挤，比如喝水之后的杯子不要乱扔，比如到达终点后不要立刻停下来拍照、应继续往前走以疏导交通等，都是我们每个人力所能及可以做到的。通过组委会的不断努力，配合每一名跑者的帮助和支持，北马一定会越来越棒。

最后说一点关于沿途观众的问题。参加过国外不少马拉松，尤其是东京马拉松的朋友，都会对赛道沿途加油的观众印象深刻。不少跑友提到，应该组织观众沿途加油。我想，沿途观众的多少，其实并不是靠组织出来的。国外观众多，很大程度上是运动的文化已经深入人心，运动已经是一种生活方式；沿途加油的观众可能不少就是马拉松高手，他们懂项目，知道何时加油。我相信，随着马拉松赛事的不断繁荣发展和全民健身理念的普及，赛道周边的观众会越来越多。而我们每一个跑者都是宣传员和发动员，可以动员自己的朋友、同事和家人参与进来。

絮絮叨叨说了这么多，我又想起了起跑时唱国歌的那个画面。其实，无论对北马有何种"吐槽"，大家都是真心希望北马越来越好。咱们在家门口就可以参加世界最顶级的赛事，明白了这一点，我们就可以坚信，北马一定会越来越好。

北马，年年见。

跑步"热"的"冷"思考

随着"全民健身"上升为国家战略，加上健身需求越来越旺盛，跑步活动持续升温，大的、小的、长距离的、短距离的、针对精英跑者的、针对普罗大众的，各式各样、丰富多彩。然而，在跑步"热"的背后却有一些隐忧，如何让跑步活动更加健康地发展，成为一个重要的课题。

从颇有感触的几件事情说起。

关于定位。时任国家体育总局田径管理中心马拉松办公室主任的张永良曾与我分享了很多关于马拉松的理解和认识。他从两方面解释了马拉松为什么这么热：一是马拉松有很强的生命力，自1897年从美国波士顿与城市结合开始，就深受各地人民的欢迎；二是田径是运动之母，有马拉松这样一个基础，市民的体质可以较为轻松地应对其他体育项目对身体素质的要求。提到举办马拉松赛事的意义和内涵时，他总结了九条，即城市名片、全民健身、市民节日、推动城建、吸引赞助、带动旅游、幸福指数、增进交流、展示平台。著名投资人沃伦·巴菲特曾说："生活的关键在于要给自己准确定位。"对于跑步活动而言更是如此，无论是协会、企业还是跑团、俱乐部等，组织举办活动，一定要明确定位和出发点。但无论定位在哪里，终极目标只有一个，那就是以人为本，真正把满足广大跑者的需求放在第一位。

关于服务。平时有时间，我会和一些准备参与跑步运动的朋友分享自己为跑步创制的热身和放松方法。在大量赛事活动举办的同时，静下来想一想，跑者们到底最需要什么产品和服务？他们因为一双跑鞋而开始跑步，享受着参与赛事活动的愉悦，也读过了《跑步圣经》《当我谈跑步时我谈些什么》，这就是全部了吗？赛事活动本身的举办时间是否考虑到了方便外地跑者取物和参赛？补给站是否考虑到了成绩在靠近关门和关门后的跑者，他们到达终点时是不是也有水喝、有能量补充？除了赛事活动本身，是不是到了介绍如何科学跑步的时候了？是不是到了该分享如何防止运动受伤知识的时候了？是不是到了该告诉大家受伤后如何康复的时候了？如果说目前已经初步完成"让大家跑起来"的初级目标，下面就该朝着"如何让大家跑好"的阶段进发了。

关于跑者。参加越野跑的时候，赛道高低起伏，旁边就是秀丽的景色，令人心旷神怡。然而，赛后有时会发现喝过的纸杯、矿泉水瓶散落在山间，很难打扫和清理。回想 2013 年参加万科的"城市乐跑赛"时，我对郁亮先生说过一句话，我最希望我们国内的比赛，也可以在举行过后，赛道整洁干净。此后的城市乐跑赛，在领队会上一定会强调不要乱扔垃圾的事情，同时，参与活动的万科员工一定会自备垃圾袋，对出现的垃圾随手收拾起来。确实，由于大家跑步比较累、可能人员也比较多，随手扔掉喝过的纸杯等有一定的客观因素，但是真的希望每名跑者能有这个意识，尽量把垃圾扔到指定的位置，从自己做起。此外，还可以配合赛事的组织者，在起跑的时候减少拥挤，尽量按照规定的时间和地点来参与，遵守赛事活动的相关规定，一同创造美好的氛围和环境。

最后，特别想说一句：跑步是个很简单、很纯粹的事情，千万别掺加过多的功利，真正为普通跑者的利益多想一想，为如何提升跑步文化多想一想，从社会到市场，再到你我每一个普通的跑者，大家都为跑步贡献一点点力量，那么中国跑步的明天会更美好。

"冷"思考，是为了让跑步持续"热"下去。

跑多了，跑步就成了信仰

4 月份，是全球跑者"朝圣"的月份，因为波士顿马拉松赛总在此时举行。

且不说波士顿这座城市在美国历史上有多么重要的地位，也不说哈佛大学和麻省理工学院等世界著名高等院校坐落于此，更不用说这里是篮球的发源地和著名的凯尔特人队所在地，仅仅是 1897 年 4 月 19 日开始传承的赛事、严苛的报名入围门槛、"独角兽"奖牌等，就足以使波士顿马拉松成为全球跑者心中的圣地。每一个信仰跑步的人都会期待踏上波士顿马拉松的赛道，用心去体验纯粹的精神享受，用 42.195 公里表明自己的信仰。

信仰成为一个议题源于古希腊，苏格拉底曾说："未经审视的生命不值得活。"如何审视生命？信仰就是一种最高级别的准则。而要获得这种准则，需要一个渠道，跑步就是其中一个。

回想自己最先开始跑步的时候，跑步就是一种锻炼身体的方式；再后来，跑步成为释放压力的最佳选择；随着跑过的路程越来越多，尤其是在长距离跑步的时候，跑步似乎也成了倾听自己内心最真实声音、与自己对话的平台。在一个偶然的机会，看到了村上春树的《当我谈跑步时我谈些什么》，这个和我一样拥有"不予过问便要长肉的身体"的老男人，在打算作为小说家度过今后漫长的人生的时候，必须找到一个既能维持体力，又可将体重保持得恰到好处的方法。他选择了跑步，并且在长达四分之一个世纪里，日日都坚持跑步。跑步和写作成了他生活中的两大支柱，使他以一种健康的方式从事着"不健康"的工作。这个老男人絮絮叨叨的文章竟然让我有了不一样的感觉，其实在他碎碎念的文字背后，展示了一个简单得不能再简单的道理：跑步已经成了他的信仰。

在一次聚会上，我和白岩松正在热火朝天地聊跑步、聊村上春树，一旁的《新周刊》创办人封新城兄疑惑地看着我们，似乎觉得我们已经"走火入魔"。在谈到为什么跑步、如何坚持跑步、跑步为了什么的时候，我说："跑多了，总会信仰些什么，有了信仰，就不存在坚持与否的问题了。"岩松接过话来："跑多了，跑步就成了信仰。"

跑多了，到底跑步能不能成为信仰？

瑞安·霍尔，这位美国史上第一位在一个小时内完成半马的著名跑者，在少年时代被爸爸拉入跑步这项运动中后，便一发不可收拾，他爱上了跑步，并下定决心要参加奥运会的马拉松比赛。2004 年他折戟雅典奥运会马拉松选拔赛后，一度想要放弃跑步。在最迷茫的时候，他选择了继续跑步，通过跑步度过了人生中的那段灰暗时期，最终，2008 年的时候他在北京奥运会马拉松项目中跑进了前十。通过跑步，他还找到了自己此生的最爱，并且创立了基金会帮助贫困的人。跑步让瑞安·霍尔成就了精彩的人生，实现了自身的价值，跑步就是他的信仰。

似乎有点把跑步上升到玄乎的高度了，跑就跑吧，怎么还信仰上了呢？与几个"跑神"级跑者沟通后，他们竟然高度赞同这个观点。细细思考下来，可以用哲学上的量变质变规律来解释，一定是跑步跑多了，积累到一定的量，才体会到跑步是信仰这件事。正如《跑步圣经》的作者乔治·希恩说的那样："有一天他终究会醒悟，他所看到的也不仅仅是单纯的运动规则，而是它所带来的情感与真理，同时这种情感和真理会让人类真正地从自身束缚中解脱出来。"

古希腊山岩上的这几句话已经被反复引用了很多次："如果你想聪明，跑步吧！如果你想强壮，跑步吧！如果你想健康，跑步吧！"我想，不妨在最后加上一句：如果你想有信仰，跑步吧！

跑多了，跑步真就成了信仰。

北马前最后一次长距离跑：天津马拉松流水账

    2015 年 9 月 13 日，太原和天津两地同时举行了马拉松。因为我报名了 9 月 20 日的北京马拉松，周末本来也要最后拉一个长距离，而且从北京去武清乘动车也很方便，于是便早早报名参加了天津马拉松。

    20 世纪 80 年代，天津在全国举办了规模和影响都很大的 NEC 马拉松。现在说的在武清举行的天津马拉松是 2012 年重新开始举办的，比赛的起、终点都设在天津市武清区政府前广场，整个比赛赛道完全在武清区内。首届的比赛项目分为男、女马拉松，以及男、女 10 公里和迷你马拉松 5 公里。对 2014 年的天津马拉松相信大家印象比较深刻，其在北马结束一周后举行，也遇上了重度雾霾。2015 年，天津马拉松和北马一样，都提前到了 9 月份举行，时间上相隔一周，天气情况差别也不会太大，所以是很好的一次赛前拉练。

    我报名参加了首次增设的半程马拉松项目，于 9 月 12 日下午乘坐城际高铁前往武清。车上很多都是来参加天津马拉松的跑者。我提前委托了天津的朋友将比赛装备领取完毕，装备包里有 T 恤、芯片、《参赛指南》，参赛证书、空白的成绩证书也都提前发放。后来了解到不少北京的跑者也是提前领取物资，当天早上开车或坐最早的一班城际高铁过来，确实很方便。

    比赛是在早上 8 点 30 分开始，所以我 6 点 30 分吃完早饭后就前往赛场。经过安检后进入赛场，迷你马拉松、半程马拉松和全程马拉松的选手分开检录进场，起跑集合处的秩序不错，负责这一区域的警察、志愿者很负责任，跑者也基本按照自己参赛的项目站到指定的区域。现场存衣、换衣区域很方便，卫生间也没有出现大排队的情况。跑者们有的在热身，有的在拍照，起跑点的氛围非常好。在起点我遇到了清华马协组织的队伍，可以看到学弟学妹们的身影，而且以前每天看到他们坚持早起晨跑、晚上训练，可以感受到满满的正能量。

8点30分，前面的人群开始移动，发令起跑了。到了拱门处没有发现计时毯，大家都对着地下的一条白色的塑料带踩。刚开始的1公里基本是靠走，过了2公里处慢慢可以跑起来了。特别要提到的是天气，北方正好是秋高气爽的日子，阳光明媚，但是早上8点30分温度就很高了，而且比较晒，提前准备的帽子和太阳镜发挥了重要作用。天津马拉松的赛道都是公路，宽阔平坦。刚开始的几公里，大家尽量沿着仅有的一点树荫跑，后面基本上就完全暴露在阳光下了。天气热，不少跑者补水多，移动厕所也相应地安排好了，很贴心。每个水站我都进去补水了，降温海绵、功能饮料和水供应充足。唯一不足的可能是没有扔垃圾的垃圾箱和区域，志愿者拿着黑色垃圾袋，数量较少，但是在一个水站听到一名跑者说，"大家不要乱扔，扔到垃圾袋里"，心里很感动。跑者们在不断提高比赛成绩的同时，也在提升着保护环境、遵守赛事秩序的意识，为大家点赞。

半程在10公里多的位置折返，沿着原路返回。全马的选手继续前行到一半的距离后折返。我按着自己的节奏去跑，到了水站补水，顺利跑完。通过终点后，领取领物卡，因为道路比较宽阔，组织工作也很细致，沿着赛道前行，右转后进入领取奖牌和存包等的区域，这样终点也没有出现拥挤的状况。天津马拉松和北马都是由中奥路跑承办，我遇到了中奥路跑的项目负责人，他表示这也是他们在北马前的一次演练。他们为办好北马下了很大的功夫，其实在2014年就做了很多很好的创新和服务，但是天气让这一切黯然。2015年提前到9月20日举办，一定要为跑者提供更多更好的服务，让大家能够享受比赛的全过程。聊到天气时，他也特别提到了会对降温做好准备。

那些年，我们一起跑过的青春

　　什么是青春？

　　查了一下在线版本字典的解释，主要有三种意思。一是春天：白日放歌须纵酒，青春作伴好还乡。二是比喻年轻时期：青春年少；欲并老容羞白发，每看儿戏忆青春。三是岁数（只用于年轻时）：青春几何；青春三十余，众艺尽无知。而百度百科上对于青春的解释除了前面三种外，又多了三种。一是比喻美好的时光：只要人心活着，青春总有来时；二是酒名：陈君辖我饮青春，焦革贤闺酿绝伦；三是年轻时代：是还在隐约着的青春的消息。

　　关于青春的解释是不是以上六种就全包含了？不去做出是或否的判断，先从这几年电影人的解读来说。2010 年深秋，一部《老男孩》在互联网上掀起了关于青春的回忆，肖大宝和王小帅虽然没有最终成为"快乐男声"，但"筷子组合"让他们重温了那些不羁和天马行空的理想，他们的青春是有歌声和舞蹈的；2011 年，九把刀亲自编剧并导演的《那些年，我们一起追的女孩》让人们认识了柯景腾和沈佳宜，婚礼上，男孩们看着一起追过多年的女孩成了别人的新娘，他们的青春是有释然和成长的；2013 年的春末夏初，陈可辛导演的《中国合伙人》上映，成东青、孟晓骏、王阳三个各走极端的人从拥有同样的梦想至一起打拼事业，共同创办英语培训学校后又经过重重考验最后功成，他们的青春是有励志和成就的；同年，《致我们终将逝去的青春》上映，"玉面小飞龙"郑微爱上深信"世界上最可靠的就是自己"、野心十足且有为达目的不择手段的城府和耐力的陈孝正，她的青春是有纠结和痛苦的；而 2015 年 4 月份上映的苏有朋导演的《左耳》讲述了李珥、张漾、许弋、吧啦等一群年轻人的青春疼痛故事，他们的青春是有叛逆和任性的。

越看越有点迷糊，到底真实的青春是什么样子的？想起了塞万提斯说过的一句话："历史家的职责是要确切、真实、不感情用事；无论利诱威胁，无论憎恨爱好，都不能使他们背离真实。"那么不妨看看历史上的名人对青春都说过些什么。著名作家高尔基说，世界上没有再比青春更美好的了，没有再比青春更珍贵的了！青春就像黄金，你想做成什么，就能做成什么；法国作家雨果说，青春是人生的春天；欧洲文艺复兴时期英国最重要的作家、杰出的戏剧家和诗人莎士比亚说，青春耐久藏珍宝。在他们及很多和他们一样在历史长河留下印记的名人看来，青春的定义虽然有很多种，但是有一点是共通的，那就是：青春是美好的。

是啊，青春是美好的，无论过去、现在还是未来。

你的青春是什么样子？

每个人的青春都有自己独特的故事，学业、爱情、事业、朋友、工作……而我今天想说的，是清华和体育的故事，是跑过的青春。

清华和体育有着不解之缘。

《北京清华学校近章》明确规定：无论是文科还是实科，体操都是必修课，每周一小时。每日午后运动一小时，习练各种体育技术。1912年就任副校长，1913年就任校长的周诒春先生是清华体育运动的积极倡导者。他提出德、智、体三育并重，1914年开始实行每日下午四时至五时之强迫运动，即学校将图书馆、教室、宿舍都锁起来，让学生出来活动。还规定在校学习期间学生必须通过"五项测试"，即100码跑（14秒）；半英里跑（3分钟）；推铅球（20英尺）；跳高（45英寸）或跳远（12英尺）；射箭（10分）或熟悉篮球、足球规则，体育不及格者不准出国留学。后来，梅贻琦校长在《清华学校的教育方针》里说道："清华大学学程中尚有重要之一部，是为体育。凡在校诸生，每学期皆为必修……"新中国成立后，蒋南翔校长指出"学校也应该是出体育人才的地方"。1957年，他曾在全校体育干部会上讲过这样一段话："你们看，马老今年已经76岁了，还是面红身健。我们每个同学要争取毕业后工作五十年。"马老，即马约翰教授。后来，这句话在清华演变为一个响亮的口号"为祖国健康工作五十年"。马约翰教授于1914年至1966年在清华大学任助教、教授、体育部主任等。每一个在马约翰任教期间在清华求学的年轻人都曾听到这样的教诲："小伙子，太瘦了，这样太不行了，要好好锻炼。"有清华学子这样描述马约翰的体育课：他有一股劲，总瞪大眼睛，双手攥拳在胸前挥动，不断说："要动！动！动！"在从事体育教学52年的实践中，他研究体育运动规律，参考国内外经验，编制出各种不同内容的徒手操近百套，发表过《体育运动的迁移价值》等论著。晚年的梁思成常笑着对后辈说："我非常感谢马约翰。想当年如果没有一个好身体，怎么搞野外调查？在学校中单双杠和爬绳的训练，使我后来在测绘古建筑时，爬梁上柱攀登自如。"

时至今日，走入清华，体育已经成为校园的基因。比如，从2007年起，每年组织毕业长跑，已经成为毕业生传统的毕业仪式之一。每年此时，我们相约在毕业季的尾声最后一次在园子里集体奔跑纪念我们逝去的"清春"，纪念人生新的启航。曾几何时，我们从这里出发，踏上求学之路，每一个你都有一个梦想；几天以后，我们依然从这里出发，迈向新的人生轨道。每一个你，还记得当初的梦想吗？再一次出发，再一次追梦。

《我相信》这首歌词里唱到：

想飞上天和太阳肩并肩

世界等着我去改变

想做的梦从不怕别人看见

在这里我都能实现

……

我相信我就是我 我相信明天

我相信青春没有地平线

……

祝福青春，青春万岁，而这一切，不妨以跑步之名。

感受不一样的 42.195 公里——2015 年"港马"全记录

托尔斯泰曾说:"在每一个历史时期,在每一个人类社会,都有一种对生活意义的崇高理解。"作为一名业余跑步爱好者,从 2004 年第一次参加北马半程开始,感受最深的就是跑马成了这个时代的理想之一。身边的朋友们开始在微博和朋友圈秀跑步装备,建跑步群打卡,汇报每天的跑步记录,分享跑步心得,不断为一个个 PB 欢呼雀跃。

早就听说"港马"赛道很虐,大桥、隧道不说,印象特别深刻的就是"庆庆哥"发来的微信语音中特别提示到很多路线是倾斜的,跑起来会有一条腿长一条腿短的错觉。"百闻不如一见",愈是这样愈激发了自己征服"港马"的欲望。

先说"港马"之前的备战,从 2014 年 10 月北马结束后,跑步训练不系统,跑量直线下降,12 月参加澳门马拉松就感到有点吃力,过了 1 月份,赛前 20 多天总共跑了不到 50 公里,且赛前一周工作较忙,连续奔波,缺乏睡眠。所以赛前的备战是很差的,这样的状态碰上"最虐的赛道",自己心里还是很忐忑,定下了 4 小时 15 分钟完赛的目标。

为了节约经费,没有选择直飞香港,而是 1 月 23 日晚上坐红眼航班从北京飞深圳,然后提前预订了在深圳湾附近的酒店,一是离机场近,二是离深圳湾口岸去香港也近。到达酒店安顿好已经是 24 日凌晨 2 点,睡到 11 点与深圳的好友吃了日料,沿着深圳湾小跑 1 小时热身,下午回酒店后,6 点吃完晚饭,买了 2 个面包,2 小袋花生米就睡下了。25 日凌晨 2 点 30 分起床,吃了 2 个面包和 2 小袋花生米,然后开始准备跑步的装备和物资,4 点有香港跑友在微信群分享了天气情况,气温在 18 摄氏度左右，湿度在 80 左右，会有点闷热，特别拿了 3 颗盐丸，2 个能量胶作为补充。4 点 30 分香港的好友开车来接过关，在车上把委托朋友帮忙取的港马装备拿到，贴上号码布（计时芯片在号码布背后），也来不及欣赏"港马"特有的生效纪念牌，5 点 30 分到达比赛区域。因为有朋友车的缘故，行李没有寄存，直接扔在了车上，前往起步区域。问了问寄存包的朋友，行李寄存在九龙公园径，非常方便，不少住在尖沙咀附近的跑友直接把行李扔在了酒店，也没有寄存。

路上喝了一瓶水的缘故，赛前想上厕所，于是在起点处找到了移动厕所，虽然有排队，但是大概每队六七个人，还是很方便的。正好碰上特邀选手们在赛前热身，与 20942 号选手聊了几句，祝福他跑出好成绩就准备出发了。因为此次跑马没有小伙伴陪同，所以提前下载好了自己精心挑选的适合跑步听的 86 首歌曲，时间正好在 4 小时左右。日本作家村上春树在《当我谈跑步时我谈些什么》一书中提到，自己在跑步的时候"能感受到非常安静的幸福感。吸入空气，吐出空气。呼吸声中听不出凌乱"。作为凡夫俗子，自己跑马还没有达到与自己灵魂对话的地步，还是觉得会沉闷，音乐的陪伴起到了积极作用。

本次港马共设马拉松挑战组：马拉松 1 组、马拉松 2 组；半程马拉松挑战组：半程马拉松 1 组、半程马拉松 2 组、半程马拉松 3 组；10 公里挑战组：10 公里 1 组、10 公里 2 组、10 公里 3 组、10 公里 4 组、10 公里 5 组；10 公里轮椅赛；3 公里轮椅赛；领袖杯；少年跑 1 组、少年跑 2 组；共 73258 名跑者，这是充分考虑香港赛道和参赛人数众多做的安排，分组、分时跑，非常科学。身旁的跑者除了穿着官方 T 恤外，不少都穿了世界各地马拉松的赛事 T 恤或专门的赛服，而且还有不少是组队参加，非常国际化。我参加的马拉松挑战组是 6 点 10 分起跑。特别提醒的是，大家一定要按照自己所报组别的出发时间和跑道参赛。

由于到达的时间较为临近起跑时间，所以自己简单跑了 5 分钟，做了拉伸，6 点 10 分起跑，6 点 11 分左右就出发了。从尖沙咀弥敦道出发后开始向西九龙公路出发，除了第 1 公里稍微有点拥挤，第 2 公里开始配速基本在 5 分钟 20 秒左右，过了西九龙公路到昂船洲大桥这段是第一个 10 公里，用时 55 分钟左右，由于体重比较大（88 公斤），且天气有点湿热，中间路过每个水站均饮水，第一个 10 公里内就去了厕所一次，沿途移动厕所隔一段会安排 2 到 4 个，比较方便，没出现等待的情况。由于天气比较早，且都是封闭的公路和大桥，路边也没有什么观众和车辆，只有零星负责水站和医疗等的工作人员和志愿者经过时会给选手打气，所以音乐还是很需要的。感受了倾斜的路面，确实会有"一瘸一拐"的感觉。第 1 个 10 公里后，就补充了第 1 个盐丸，身体感觉还可以，于是忐忑的心情稍微放松了些。随后进入了南湾隧道，长长的隧道内没有风，昏黄的灯光，感觉有点憋闷，跑出隧道后吹着风感觉太舒服了。第一个折返点在青马大桥，15 公里处，在大桥上跑步，一是倾斜的路面，二是有斜风吹来，感觉身体有点累了，不过身边的跑者速度都很快，于是坚持着配速。随后在青衣西北交汇处迎来第二个折回点，补充了第二个盐丸和第一个能量胶。20 公里处是汀九桥，第三个折返点，这时候有点困了，而且倾斜的路面和风开始令人感觉有点烦躁，配速降下来了，每个水站还是充分补水，忍着尿意进入长青隧道，当时赛程过半，没系统训练造成的体力不支开始显现，大脑告诉自己不要停下来，可当时脚步不听大脑支配，在快出隧道时候，硬生生停下来走了 500 米左右，一出隧道就有 2 个移动厕所，所以索性又去了一趟。25 到 30 公里处比较痛苦，反复在纠结要不要后半程走下来，因为 30 公里处的用时在 2 小时 50 分钟，自己开始计算，要不要剩下 12 公里用 3 小时慢慢走下来，这么纠结着，走走停停，正在准备放弃的时候，正好和部分组别的半马选手碰上，这个设计太妙了，当时是半马的折返点，人一下子多了起来，自己马上有动力继续坚持了，没有完全步行，采取极慢的速度跑着，期间跟了一个跑速在 9 左右的跑者跑了一会儿，然后补充了最后一个盐丸和能量胶，这时候看时间，4 小时 15 分钟完赛感觉压力不大，于是就走得多了起来。没想到迎来了 35 公里处的西区海底隧道和接着的干诺道西天桥，当时有点崩溃的感觉，尤其是隧道内还是倾斜的路面，于是和很多跑友一样，在隧道里大声喊了起来。由于体重较大，这时候脚掌有感觉了，有点疼，跑起来很不舒服。且路面倾斜，左脚的脚趾头磨破了皮，于是开始完全停下来慢慢走，幸亏最后几公里，路边加油的群众多了起来，还有各种自发提供的补给，我吃了路边加油人群提供的葡萄等，然后音乐恰在此时全是特别振奋人心的曲目，于是咬牙坚持，39 公里、40 公里、41 公里，最终跑到了铜锣湾的维多利亚公园，时间是 4 小时 24 分钟 30 秒，跑完之后微微有点恶心想吐的感觉，不过迅速补充了香蕉之后，感觉好多了。冲过终点继续往前走，领取了全马奖牌，然后就是取寄存行李的地方，井然有序，而且组委会、香港中文大学等机构还安排了按摩拉伸,非常贴心。我按照自己的赛后放松习惯,及时拉伸了大腿、小腿和腰背,然后与朋友碰面,被送回酒店洗了澡,睡了一觉,补充了碳水,晚上回京顺利结束"港马"之行。

最后的成绩是 4 小时 23 分钟 42 秒,总排名 2673,男子选手排名 2415,组别排名 475,虽然跑得很差,但是考虑到近半年少得可怜的跑量和最近猛涨的体重,还是比较欣慰,至少体验了最虐的赛道。与此同时,不同时间开跑的"庆庆哥"也克服了连日的疲惫,跑出了好成绩,拿到了个人第 19 块全马奖牌。

回京后,看到有 1 名 24 岁的 10 公里男性选手死亡,千人抽筋或受伤等,结合自己最近半年没怎么系统训练的痛苦"港马"过程,还是提醒各位跑友,跑全程一定要科学系统训练,跑量必须够(非常重要),然后适当控制饮食,体重不要太大,不然贸然参与马拉松,真的是很危险的一件事。另外,对于想参加明年港马的跑友来说,要关注 9 月份左右报名网站,及时报名;正常训练外适当增加跑坡训练;赛前饮食多摄入碳水化合物,避免刺激性食物;赛时天气较为闷热,请注意提前补充盐丸和能量胶,补给站最好每个都去,补足水分和能量;合理分配体能,尤其是 35 公里处的隧道和大桥;在比赛时遇到倾斜路面尽量跑内弯,节省体力;有条件的话,最好和小伙伴一起参加,直飞香港,住在尖沙咀附近,当天的港铁和巴士也会提前,大家可以很方便达到赛场。

经常穿一双旧的跑鞋进行新品发布的乔布斯曾经说过这样一句话:"人这辈子没法做太多事情,所以每一件都要做到精彩绝伦。"希望每一个读到这篇文章的跑者都能够坚持跑下去,把跑步当作一种生活态度,当作这辈子需要做到精彩绝伦的一件事,跑出属于自己的健康和快乐,跑出属于自己的精彩人生。我自己也决定,再忙也要规律训练,争取每天都跑,控制饮食减脂,和大家一起追求 PB。

耀自己,耀时代。

用脚步丈量城市

美国著名城市规划理论家、历史学家刘易斯·芒福德说过这样一句话："人类进步阶梯上的两大创造和工具：一是文字，另一个就是城市。"文字记载了人类知识和思想的演变，而城市则是生产力不断发展的产物。亚里士多德曾说，"人们来到城市是为了生活，人们居住在城市是为了生活得更好"，欧里庇得斯则直接指出，"出生在一座著名的城市里，这是一个人幸福的首要条件。"城市和幸福之间具有强烈的相关性。虽然不少城市正在经受资源短缺、环境污染、交通拥堵等弊病的困扰，但居住在城市里的人们已经开始行动起来。1996 年联合国人居组织发布的《伊斯坦布尔宣言》就强调："我们的城市必须成为人类能够过上有尊严的、健康、安全、幸福和充满希望的美满生活的地方。"2010 年上海世博会提出"城市，让生活更美好"的主题，代表了人类追求城市居住者与环境、空间与时间、经济与社会和文化等各种因素平衡与和谐的态度。而跑步，正是架起城市和幸福生活之间的桥梁，接触大地的双脚将直接感受到城市的心跳，留下的每一滴汗水都是爱的见证。

"新马三毛"尤今在《走路的云：用脚步丈量世界品味生命》中记载了自己用脚步丈量世界的见闻，她化作一朵行走的云飘荡在一座座各具特色的城市之间。原万科集团高级副总裁、优客工场创始人毛大庆在接受采访时曾说，跑步是另一种旅游，跟旅游又不一样。是用自己的力量和体育方式去感受一个城市。在柏林跑马拉松的时候，他基本上把柏林的围墙、有名的教堂、大剧院等地方都串起来"游"了一遍。在跑过城市的时候，不妨根据自己的时间提前规划路线，把最想探访的城市风景串联起来，跑步过程中要特别注意安全，真正实现既锻炼身体，又"游"了城市。

"新德国电影"四位主将之一的赫尔佐格曾经在回忆录中写道："我将来要办一个摄影学院，我不教学生摄影，我要教他们每天锻炼身体，把自己锻炼得像壮士一样，以这种自然的体能，培养他们对生活生命的强烈激情。"他自己用脚步丈量着每一寸土地，并融入了创作之中。平时工作之余，我喜欢跑过北京的大街小巷，闻着清晨煎饼果子的扑鼻香气，跑过落日时的故宫，在北海感受夏季的凉爽，在清华校园里感受青春的气息……在跑过的同时，看待城市的视角也会不一样，花鸟鱼虫、各类建筑都在愉悦着每一根神经，增加生命的厚度。

　　生活不是缺少美，而是缺少发现美的眼睛。而缺少美，还有可能是缺少跑步。跑步完全可以成为发现美丽的利器，跑过城市的街道，接触到有趣的人，发现曾一再被自己忽视的景色，整座城市，也将变得活力无比。所以，现在越来越多的人已经开始在自己工作的地方准备一双跑鞋，在出差的行李箱里给跑鞋留出位置，用跑步唤醒身体的同时，也用心去感受着城市。

　　当然，要让跑步丈量城市成为一种新风尚，还有很多工作要做：希望城市的管理者完善城市治理体系，提高城市治理能力，着力解决城市病等突出问题，不断提升城市环境质量、城市竞争力，建设和谐宜居、富有活力、各具特色的现代化城市，希望更多的人能够跑起来，享受更蓝的天、更清新的空气、更多的跑道和更美好的生活。

　　用脚步去丈量一下城市，不妨就从你正身处的那座城市开始。

跑自己的步，让别人说去吧

想起了 2 个人，2 个小故事。

1 个人是可口可乐的张建弢先生，在中国健康知识传播激励计划十周年活动上相遇时，还没等我问他最近跑步成效如何，他先向我"发难"："你们经常朋友圈随便一跑就是全马半马的，让我们怎么跑？"虽然是句玩笑话，但却引发了我的思考：是啊，朋友圈虽然很多秀跑步的，但绝大多数都是秀长距离拉练，秀比赛，秀马拉松，很少有刚刚准备开始跑步的人秀自己跑了 1 公里、2 公里的，跑步似乎简单地等同于跑马，而对于刚刚准备开始跑步的人来说，往往容易受"外来"的干扰，有时候会被"大咖"的"无可企及"的成绩所打击，打击跑步的积极性。

另外 1 个人是在北京冬天的一个周末，在奥森跑步的时候，遇到的一位 80 多岁的跑者——刘牧。刘牧大爷从 70 多岁开始跑步，8 年跑龄，去年 5 公里的最好成绩是 28 分钟，他说跑步之后自己身体特别好，很少感冒，他还要介绍我认识他的一位 90 多岁的"老大哥"。但印象最深的是，他说跑步最重要的是一定要快乐，健康，跑出自己的步子。在那个寒冷的周末，这段话让我的心暖暖的。

真心希望刚刚踏上跑步之旅的跑者们，能够"跑自己的步，让别人说去吧"，这并不是说不听别人的意见，盲目自信，刚愎自用，而是要在重视他人的态度与评价的基础上，冷静地分析，既不能盲从，也不能忽视，要更多地聆听自己内心的声音，要更好地"跑自己的步"。

为了帮助更多地准备加入跑步或刚刚开始跑步的跑者"跑好自己的步"，可以从以下几个方面做一点事情。

传播更多的科学跑步知识。虽然说跑步很"简单"，一双跑鞋就可以开始，但是跑起来后需要注意的事项很多。目前提供的跑步资讯很多都是赛事信息、跑马故事等，关于科学跑步知识，虽有一些图书和文章，但在系统化、撰写方式、传播时间等方面还有很多需要提高的地方。在系统化上，从开始准备跑步，如何根据自己的脚型挑选适合自己的跑鞋，什么是比较科学的跑姿，如何热身和恢复，如何安排训练计划，如何安排自己的饮食和休息，冬天该注意什么，夏天该注意什么，如何完成自己的第一个 1 公里、3 公里、5 公里、10 公里等，都需要更多地跑步"大咖"去分享和提供；在撰写方式上，要针对互联网时代碎片化阅读习惯用生动活泼的语言传达出科学跑步的知识；在传播时间上，白岩松提了一个非常好的意见，要"有节奏"：例如在赛前 2 到 3 天推送的关于赛前训练和饮食、赛中注意事项、赛后恢复等内容，跑者肯定会非常仔细地阅读；又如在一些跑步热点受关注的时候，针对热点相关的跑步知识需求量很大，要根据这些特定时间段更有针对性地投放。

提供更多的短距离跑步赛事和活动。虽然马拉松赛事如火如荼，已经达到百场多，但是比起发达国家上千场的跑步赛事规模差距还是很大。此外，即使马拉松如此火爆，能跑完全马的跑者数量仍然有限。从美国等国家的数据来看，10 公里以下的赛事占了很大一部分，而国内跑步处于爆发期，更多地方关注的是全马和半马，对于 3 公里、5 公里、10 公里的跑步赛事和活动供给不足。从给更多跑者参赛机会和激发跑步热情等角度出发，要做好"供给侧改革"，多多提供 10 公里以下的跑步赛事，可以让更多跑者参与到跑步中来，感受跑步赛事的氛围，享受训练之后带来的成就感。

以"我"为主，跑好每一步。根据唯物辩证法，事物的发展是内外因共同起作用的结果，内因是事物发展的根据，外因是事物发展的外部条件，外因必须通过内因而起作用。再多的科学跑步知识，再多的跑步赛事和活动，自己不跑没有任何意义。跑步是一件很踏实的事情，你付出多少，就会获得多少，没有无缘无故的 PB。既然选择了远方，便只顾风雨兼程，抛开没时间这些借口，打败内心的懒惰，跑好每一步，不断在跑步的道路上"升级通关"。

让运动成为一种家风

于我而言，除了自己跑步之外，每年都会给自己定一个目标，那就是带动和影响多少人加入到运动大军中来，加入到跑步队伍当中。我常常想，如果每个跑友都带动身边的人跑步，身边的人再带动，那效果就可观了。但如何概括这种行为，如何号召更多人加入到这一行列中来，却是一个长久困扰我的问题。曾经看过一篇文章，题目叫《给跑者的一封家书：我看你还是出轨算了》，一位跑者的夫人以非常欢乐的文字历数了跑者老公的"种种罪状"，我转给了几位跑友的夫人，引起了强烈的共鸣。看后一笑的同时，也在思考：采用什么样的方式去影响自己身边的人加入到跑步中来呢？

美国跑者马克曾经在一篇专栏中写到他和妻子的跑步故事。尽管两人都是跑者，但马克是资深跑者，妻子是业余爱好者，在跑步圈子里，他们甚至没有真正的交集。两个人最开始因为配速不同、跑步距离不同很少能跑到一起，甚至说跑步并没有对两人的婚姻有什么帮助。但渐渐地，马克意识到，随着生活的磨砺、相处时间的增长，他再没时间像婚前那样用烛光晚餐和鲜花表达爱意，但是一起跑步却成了最朴实却最温馨的爱意表达方式。于是，马克和妻子一起跑步的时候，主动去配合妻子的步伐，遵循妻子的习惯，两颗心通过跑步紧紧地联系在一起。

一次，我和白岩松一起参加一个公益跑步活动，我提出了这个疑问，他笑了笑说，他正在带着夫人一起跑起来。他认为，运动应该成为中国所有家庭家风的重要组成部分，我们不仅要自己跑，更要带上家人一起跑，让热爱运动成为良好的家风。

让运动成为一种家风。

豁然开朗。无论是全民健身国家战略还是《健康中国"2030"规划纲要》，最终都要落实到家庭这个社会细胞中来。不论时代发生多大变化，不论生活格局发生多大变化，我们都要重视家庭建设，注重家庭、注重家教、注重家风。"修身、齐家、治国、平天下"，从个人到国家和天下，家庭是最重要的纽带，而家风就是纽带上最亮丽的珍珠。运动是家风重要组成部分的案例比比皆是。广东汕头的澄海东里镇樟林乡塘西村退休篮球教练肖永祜一家，家中子孙三代个个都热爱体育，而且大多都走上了体育之路，肖老说，不怕困难、奋力拼搏的体育精神是他人生中最宝贵的精神财富，也是他们肖家人代代相传的好家风。

现在社会节奏越来越快，人口迁徙、互联网的发达将世界"压平""打碎"。家族不再聚居，甚至子女和孩子都开始分居两地，家庭逐渐趋向小型。有人说，这个时代信仰在淡漠，归属感越来越少，人变得越来越孤独。但是家风，就可以超越时空，产生情感共鸣，让人找到归属感，找到培育强大价值观的源泉。

家风有很多内容，"积善之家，必有余庆；积不善之家，必有余殃"，家风要包含善；"一粥一饭，当思来之不易；半丝半缕，恒念物力维艰"，家风要包含节俭；"恋亲不为亲徇私，念旧不为旧谋利，济亲不为亲撑腰"，家风要包含公正清廉……今天，不妨在家风里再增添一部分，那就是运动。

运动具有多元功能和价值。"体者，载知识之车而寓道德之舍也""体强壮而后学问道德之进修勇而收效远""体育之效，至于强筋骨，因而增知识，因而调感情，因而强意志"，《体育之研究》中写道；"体育鼓励个人成长，在消除基于性别的障碍方面是一个主要动力，并可成为跨越界线、消除隔阂的桥梁"，联合国秘书长潘基文如是说；"体育具备改变世界的力量，体育具备激发灵感的力量，体育有着团聚社会人群的独特功效，是不可替代的。体育用一种年轻人能够明白的语言，去和年轻人交流……体育能在唯存绝望的地方创造希望，在打破种族隔阂上，体育比政府力量更有用"，已故南非前总统曼德拉如是说。

所以，亲爱的跑友们，不妨在跑步清单里加上一项：让运动成为一种家风，让跑步不再是自己的独行，而是带着自己的爱人，带着自己的孩子，带着自己的父母，都能够走起来，跑起来，运动起来。一家仁，一国兴仁；一家让，一国兴让。每个家庭都通过运动享受到健康、快乐、亲情，就可以共同助力凝聚坚不可摧的健康中国力量，这种力量也会助力国家越来越强大，助力实现整个中华民族伟大复兴的中国梦。

　　愿景很大，但是实现起来其实很简单，你我都可以去努力，那就是让运动成为一种家风。

与张掖百公里的一场深情虐恋

2015 年 7 月 19 日晚 8 点 57 分，张掖。

这是跑完张掖百公里睡醒后，我睁开眼睛的时间和地点，我所在的七彩镇运动员所住的客栈一层正传来阵阵歌声，赛事组织方和运动员们欢聚一堂，庆祝比赛顺利完成。

伴随着歌声，恍若隔世。

美国著名的巴顿将军曾经说过这样一句话：接受挑战吧，这样你才能感受到胜利的喜悦。绝大多数人知道巴顿将军的事迹是因为他的军旅生涯，鲜有人知道他参加过 1912 年夏季奥运会的现代五项比赛。人生无处不挑战，而最大的挑战，就是战胜自己。著名教育学家苏霍姆林斯基引用过一句古语：战胜自己是最不容易的胜利。张掖超百公里，就是一种这样的胜利和喜悦。

近年来，跑步运动发展迅猛，除了路跑之外，越野跑也越来越受到众多跑者的追捧。越野跑虽然带一个"跑"字，但和我们普通意义上的马拉松或健身房的"跑"完全不同，路跑的赛道一般比较统一，变化不大，且节奏可以把握，从始至终基本上可以用一样的节奏跑下来。越野跑则完全不一样，以我这次感触最深的下坡跑来说，在山地条件下，尤其是乱石、杂草和树木丛生的条件下，下坡跑对我简直是"灾难"。

张掖祁连山超百公里山地户外挑战赛从 2014 年开始举办，当时还是两人配对参赛，2015 年升级为国际赛，且直接改成了单人参赛，分超百公里、五十公里和体验组。赛事介绍材料称该比赛为目前国内参赛人数最多、难度最大、风景最美的山地户外挑战赛。从人数上看，2015年超百公里男子组报名198人、女子组51人、五十公里男子组报名112人、女子组48人，来自新西兰、澳大利亚、法国、俄罗斯、西班牙等国家的一众高手参赛。从难度来看，赛事涉水部分大幅度增加，尤其是从雪山流下来的水温度极低；此外，超百公里路线102公里，累计爬升4500米，超过3800米海拔的山脊路段达到13公里。从赛事风景来看，举办地张掖在4.2万平方公里的范围内分布着的丹霞、雪山、草甸、森林、峡谷、沙漠、湿地等自然地貌，基本上被本次比赛一网打尽。

看着这样的介绍，不禁让人心痒，直接就报名参加了超百公里的比赛。应该说，在跑之前，我对赛事的理解存在问题，虽然知道很难，但更多地关注了风景等，并且简单地把102公里作为了目标，看着30小时关门时间，自己还在想每小时跑3公里多点就可以完赛。事实证明，这完全是幼稚的想法。

7月17日，从北京坐飞机到兰州，再从兰州转机到张掖，在第二段，整个飞机上基本都是来参赛的选手。抵达后，来到组委会统一安排的运动员住的地方，先去报到处，检查了要求的装备和材料，领取了参赛物资。这里特别要强调一下，参加长距离越野跑的选手，一定要严格按照组委会要求，认真准备好每一样的物资，因为在野外长距离比赛过程中，各种突发状况下必须有自我应急预案。以百公里为例，这次组委会提供了每人5块号码布（自己身前身后两块，其余的可以在第3个打卡点、第6个打卡点、终点存转运包使用）、计时指卡（戴在手腕上）、比赛线路图、跟踪器、比赛T恤、帽子，要求自备头灯（夜赛非常重要，备用电池要带好）、不少于200克的风衣（晚上山里温度很低，非常管用）、不少于200克的保暖内衣、保暖裤和毛线帽、救生毯、应急包（各种应急的药品）、口哨、手机，此外，尽管有补给点，水袋必须全程带着，自己最好也带一些自己适应的补给，如盐丸、能量胶、榨菜、谷物棒等。在报名点旁边的超市买了点水和面包、香肠等当作晚饭吃了后，把装备都准备好就睡下了。

7月18日清晨4点30分开始正式检录，检录地点离运动员住的地方很近，步行几分钟，我先去存包，在第3个打卡点放了一双鞋子和袜子，第6个打卡点放了手杖，终点放了拖鞋等，存包后，开始检录，并在号码牌上盖章。不少参赛者时间卡得很紧，检录时间有点紧张。

5点比赛正式开始，天还没亮，大家都开着头灯出发了，刚开始基本在盘山路跑，自己还比较适应，只是旁边的丹霞地貌因为天未亮遗憾错过。盘山路过后就是碎石路，慢慢到第2个打卡点。第2个打卡点之后，开始进入挑战，此前虽然对涉水路段多和水温低有心理准备，并且在第3个打卡点准备了干爽的鞋子，但是当踏入水中的时候，还是浑身被凉水刺激到了。尤其是反复过水，鞋子里的水刚差不多跑掉了，又灌得满满的。但到目前为止一切正常，除了速度开始放缓外。到了第3个打卡点换上干爽的鞋子，还在补给站里吃了香蕉、喝了红牛，没怎么停就出发了，从第3个打卡点以后，难度越来越大，尤其是没注意到过了第3个打卡点还有涉水路段，本以为就一小段，又不想湿了新换的鞋子和袜子，就尝试脱鞋过河。当赤脚进入水中的时候，差一点被凉水刺激地翻倒，袜子也丢了，所幸鞋子还在，由于没带多余的袜子，从第3个打卡点刚过开始，自己就赤脚地穿鞋在跑，脚趾的皮也被磨破，在第8个打卡点才想起让医务人员处理了一下。

　　比赛继续，慢慢爬升，开始13公里的高海拔路段时，自己身体还可以，高原反应不是特别强烈。但是我的下坡技术很差，而且这13公里不是平路，而是不断上升、下降，这时候基本已经是走几步、停几步了，中间产生过退赛的念头。到了第6个打卡点又进行了一次大补，喝了热姜汤，吃了一碗泡面、一包咸菜，喝了一罐红牛，休息了近半小时，感觉缓过来好多，于是继续比赛。第6个打卡点到第7个打卡点这段基本跑步前进。到了第7个打卡点天要黑了，这时候遇到一个对我后半程帮助特别大的跑友，用她自己的话来说，她当了一把百公里的"兔子"，她就是328号跑者刘仲春。这位平时在中国电信工作，业余时间热爱户外越野跑步的珠海女士，去年50公里拿了第六，这次因为前面身体不适，所以稍微耽误了速度，因为天色变暗，前后也很少有其他参赛者，在第7个打卡点我俩开始搭伴前行，她的越野跑经验很丰富，技术很全面，一直在前面探路并教给我一些技术，还给我加油鼓劲。真的特别感谢她，不然估计在第7个打卡点到第8个打卡点那段没路的大下坡，我早就崩溃了。

　　两个人前行，时间感觉过得很快，大概是夜里一点多来到了第8个打卡点，我的脚已经疼得不行，医生为我简单处理了下。因为已经过了最难的88.8公里处，我俩略作休整，决定后面十几公里都步行了。过了第9个、第10个打卡点，虽然第

10 个打卡点有一点爬升，但是感觉好多了，天也渐渐开始亮了。然而没有想到的是，最痛苦的竟然是过了第 10 个打卡点之后这段，心里想着马上就到终点了，可是走了好久都没到，加上脚有伤，开始焦躁了，仲春通过聊天来分散我的注意力，一步一步，最终看到终点的拱门时，我的心情真是极其复杂，最后一百米，我俩携手跑起来冲刺，最终以 26 小时 20 分钟左右完赛。

第一次超百公里就这么结束了。

和其他参赛者聊天，得知有一些跑者因为高原反应或受伤等退赛。其实我想说的是，站在超百的起跑点上，人人都是英雄。

关于越野跑，自己作为菜鸟，无法给出大家更多专业指导，但是亲身体验过后，为了赛事更好地发展，为了更多跑者来参与，还是有一点建议与大家分享。

对于赛事组织者来说，处理好专业赛事和越野跑普及的关系，除了参加超百公里和五十公里的选手外，增加体验环节，难度低一点，先培养大家的兴趣，这次张掖就做了很好的尝试。第二点，围绕参赛者的需求，赛事更加精细化。比如，在每个打卡点的牌子那里可以标注距离下一个打卡点多久，对一般的参赛者，可以考虑在冲刺时设置和家属一起冲过终点线的环节，让家属有分享和见证的权利。赛前报到时候可以为每个参赛者录一句加油打气的话，在起终点大屏幕播放，甚至可以考虑在一些比较艰难的点，设置一些鼓舞人心的话语，激励参与者等。做好这些细节，让参赛者感受到贴心的服务，因为一项赛事爱上一座城。当然，如果能够结合赛事，开展一些赛前训练、跑者分享会等，那就更好不过了。在这里要多说一句，这种百公里的赛事组织非常复杂，向陪伴大家一起完赛的裁判、工作人员和组织者说一声感谢，道一声辛苦。

对于普通参赛选手来说，一定要衡量好自己的身体状态，最好提前了解赛事的特点，有针对性地准备，做好补给和赛前训练，如果能找一个水平差不多的伴儿，沿途有个照应更好。一定听从身体指令，安全第一，退赛也是一种勇气和胜利。对于有志于参加越野跑的路跑跑者来说，正如仲春建议的那样，可以先从短距离、城市越野赛开始，慢慢积累经验，循序渐进。

春节，和家人约一场"跑步局"

四千多年以来，从先秦时的"上日"，到两汉时期的"正日"，再到魏晋南北朝时的"元日"，唐宋元明时的"岁日"，清时的"元旦"，直至今日的"春节"，名称的变化也见证着春节内涵的不断丰富。汉朝时，拜祭祖先成了春节的重要内容，"正月之旦，是谓正日。躬率妻孥，絜祀祖祢"；魏晋时，人们已经开始"守岁"；到了唐朝，拜年开始用梅花笺纸制作的"飞贴"；宋朝就开始吃"角子"、放爆竹，到了明朝，"除夕，易门神、桃符、春帖，井隈皆封。爆竹，燔柴，设酒果聚饮，锣鼓彻夜，谓之守岁"。

随着经济社会的不断发展，春节的过法也渐渐有了新的内容，从"一顿饭"到现在唱歌、旅行样样行，从"一件衣"到保健品、数码产品琳琅满目，从"压岁钱"到电子红包，春节这个古老而传统的节日正在不断焕发着新的生命力。当然，也有人感叹"年味儿越来越淡"，科学技术的进步、生产生活方式的变化、家庭结构的小型化等都在客观影响着春节的年味儿，但春节永远代表了中国人对家的一种朴素的感情，是亲人之间沟通最有效的渠道。为了让年味儿更浓，需要给春节加点"料"，不妨就从体育运动开始，从跑步开始。

说到春节期间的体育元素，2018 年特别多，平昌冬奥会赛场上，中国健儿将奋力向前，展示冰雪魅力；除了春晚将有体育明星和节目外，中华全国体育总会主办的《奔跑吧，新时代——2018 体育嘉年华》也将贡献一场体育文化大餐，姚明、刘国梁、郎平等百名奥运、世界冠军汇聚一堂，一些知名运动员还将展示才艺。与亲人团聚的跑者们，在观看精彩的体育节目同时，是时候和家人约一场"跑步局"了。

2017 年夏天，在上海参加了一场亲子跑嘉年华活动，参加活动的基本都是年轻的父母和他们的孩子。虽然当天下着小雨，但是并没有浇灭所有参与者的热情，看着小朋友们牵着父母的手一同在跑道上奔跑，脸上洋溢的发自内心深处的笑容，那一刻，感受到了运动的健康和快乐，感受到了亲情的温暖和甜蜜，感受到了运动的种子在小朋友的心中萌芽。不少跑者在总结或者表述自己开始跑步的经历时，都会有这么一句话作为开头，"从小体育不及格的我……"。我想，以后，这些跑者的孩子长大了，写文章就会变成，"从小跟着父母一起奔跑的我……"这里面蕴藏了坚不可摧的健康中国的力量，这种力量会助力家庭越来越团结，国家越来越强大，离实现整个中华民族伟大复兴的中国梦也就不远了。

除了丰富春节期间的生活，约一场"跑步局"，实际也是向大吃大喝、暴饮暴食等不健康生活方式的"宣战"。春节期间，亲朋好友相聚不断，难免会大吃大喝、暴饮暴食，造成身体不适，节后很难以很好的状态开启新的工作生活状态。换上运动装，与家人在一起，跟他们讲解如何科学跑步，跑过从小生活的街道，体会家乡日新月异的变化；跑过旅游的这座城市，用脚步开启探索的旅程。

春节约一场"跑步局"，更是让运动在家庭中流行起来，打造"家庭体育"这一理念的"宣言"。运动要生活化、科学化，要成为一种生活方式，家庭是最佳的载体，老年人可以通过运动延缓衰老，强筋健骨，丰富日常生活；中年人可以通过运动增强体质，更好地投入到工作中；青少年可以通过体育达到身心健康的双重乃至多重教育，而作为社会细胞的家庭健康了，快乐了，那么自尊自信、理性平和、积极向上的社会心态也就形成了。

春节，约吗？

济州岛跑步有感：跑如人生

　　《新周刊》编辑朱人奉曾经说过，现在社交网络上有一种人是"杠精"。人人都怕油腻，不随便抬杠，不贩卖焦虑，就不会油腻。跑步也是"刮油利器"。年轻的时候，用当下时髦或许马上也就过时的词来说，即"小鲜肉"的时候，总期待着尽快长大，踏入社会，去实现自己的理想，想象中的人生每天都应该是和煦春风里的百米赛跑。等长大后，发现人生之路，并不是想象中的简单，更像是一场马拉松，要跑过各种天气和地形，遇见各种跑者。而我们将如何奔跑，跑向何方，跑多远，跑得是否开心，这一切与什么有关？我久久思索不得解，似乎遇到了一个难解的哲学问题。

　　一次因国际会议出差至济州岛。清晨起来，酒店离着海边四五公里，于是就出发向海而行。从酒店一出来就是一个大下坡，加上顺风，跑的非常痛快，一路虽然红绿灯较多，但是很快到了海边。享受过美丽的海景之后，开始原路返回。路还是相同的路，但是大下坡变成了大上坡，顺风变成了逆风，跑得非常吃力，加上一个个红绿灯跑跑停停，要不是着急赶回酒店洗澡准备行程，恐怕要徒步走回来。在踏入酒店大堂那一刻，脑海里突然闪现出了"不以物喜，不以己悲"，同样的道路，为什么会有不同的感受呢？

　　关于跑步和心理感受的关系，克里斯托弗曾经用"开关机制"来解释，他认为，"跑步是一种独特的体验，它融合了人类的两种原始冲动：恐惧与快感。无论是害怕了还是快活了，我们都会去跑步。既是奔跑着逃开不幸，也是奔跑着追寻幸福。"他的解释并没有涉及"不以物喜，不以己悲"的原因，而是解释因为"物喜"、因为"己悲"，所以我们才选择奔跑，契合人生来就有跑步的本能这一主题。

　　似乎没有找到答案，又绕了回来。

　　正当疑惑无处寻解的时候，就像传说中牛顿被一个苹果砸中而发现万有引力定律的故事一样，问题的答案往往是"众里寻他千百度，蓦然回首，那人却在灯火阑珊处"。重新读到了张伯驹先生的故事，从他一生的经历似乎找到了什么。张先生前半生的风光，后半生的经历，都没让他的心境如"过山车"一般，他把人生过出了另一番境界。张先生嗜好艺文，精于旧体诗词，跟余叔岩学戏，研究古琴和围棋，更重要的是从30岁收藏康熙皇帝丛碧山房开始，散尽家财，但求国宝永存吾土。西晋陆机《平复帖》卷、隋展子虔《游春图》、唐李白《上阳台帖》、杜牧《张好好诗》卷等国宝都因为他而留在了"吾土"，他已经超越"不以物喜，不以己悲"的状态，把自己的追求和国家，和民族关联起来，让人生过得有态度的同时，为国家，为民族也做出了自己的贡献。

　　回到跑步，其实，探讨跑步的快乐与否与上下坡还是顺逆风关系大不大已经没有什么太大的意义，快乐与否都在我们的内心。人生亦是如此。我想起一个姐姐曾经送给我的一句话，顺境的美德是节制，逆境的美德是坚韧，人生过得如何在于自己是否努力，是否热爱她。而要给努力和热爱增加持续不断的动力，就需要永远不忘初心。就像《最初的梦想》歌词里唱到的那样。

> 最初的梦想紧握在手上
> 最想要去的地方
> 怎么能在半路就返航
> 最初的梦想绝对会到达
> 实现了真的渴望
> 才能够算到过了天堂
> ……

　　不忘初心，继续前行。感恩每一个清晨，因为太阳永远是新的；努力每一天，因为不能辜负自己的人生。希望每个人都能够跑出自己最精彩的人生。

"Conquer Fear，Conquer All"

    "Conquer Fear，Conquer All"（勇者无惧，强者无敌）来源于《红海行动》里蛟龙特战队的口号，这部根据也门撤侨真实故事改编的2018年"春节档最燃最刺激"电影，通过蛟龙突击队队员在异国他乡为保卫国人安全而浴血奋战的场景，展示了祖国强大的实力，也让国人体会到了作为中国人的骄傲和自豪。没有靠"刷脸"、无端炒作、过度营销获取高票房，真正通过电影本身的实力来征服观众，《红海行动》是一个很好的范例。

    其实，不仅仅是电影，在经济、文化方方面面，都需要靠实力说话。平昌冬奥会上，武大靖在500米短道速滑的赛场上，一次打破奥运会纪录、二次打破世界纪录，最终以39秒584的成绩为中国代表团拿下本届奥运会唯一一枚金牌。他的夺冠历程就是用实力说话的一个最好体现，不管有什么挫折和困难，把对手甩在身后，根本不给对手任何超越的机会，你就是王者。

    来说说跑步，说说马拉松。

    第12届东京马拉松，日本男选手的表现"可圈可点"。设乐悠太以2小时6分钟11秒获得亚军，刷新亚洲男子全马纪录，前10名里有6名日本选手，成绩都在2小时9分钟以内。再看我们的全国纪录，目前仍是任云龙在2007年北京马拉松赛上跑出的2小时8分钟15秒，2017年国内男选手最好成绩是杨定宏在无锡马拉松跑出的2小时13分钟37秒。从精英选手的成绩上看，我们已经明显"慢"于亚洲最高水平。

    关于马拉松到底要"快"还是"慢"的问题，也是近几年一个需要讨论但是没有充分讨论的问题。有一些观点把快慢问题等同于危险还是安全问题，把成绩的提高和参与人群的普及作为非此即彼的问题来看，这都是有失偏颇的。到底如何科学地看待马拉松的"快"与"慢"？

一方面，要扩大参与人群的"面"。根据中国田协的数据，截至2017年年底，全国2017赛季举办马拉松及相关运动赛事达1102场，参赛人次近500万，到2020年力争实现全国马拉松规模赛事超过1900场，参赛人数超过1000万人次的目标。可以说，越来越多的人加入到了跑步的行列中来，通过跑步获得健康和快乐，跑步已经成了一种新风尚。

另一方面，也要抓好精英选手成绩的"点"。要鼓励和提倡有能力的选手设置明确的目标，通过高水平教练的指导，科学训练、刻苦训练，不断冲击好成绩，向亚洲最高水平看齐，向世界最高水平看齐，在奥运会、世锦赛的赛场上争金夺银，"不以胜负论英雄，同时英雄就要敢于争先、敢于争第一"，目前国内马拉松领域缺乏具备亚洲高水平以上的领军人物。

当"面"和"点"做好后，两者产生良性互动，就会促进跑步事业更加健康繁荣地发展。跑步人数越来越多，大众选手里产生的高水平选手就会越来越多，仅从2017年北马进入3小时的中国选手来看，男选手有322人，女选手9人，总人数331人，大幅超越了前面的纪录，相信这一数字还会被不断刷新；精英选手取得好成绩，也会带动更多的人加入到跑步的行列中来，在这一点上，我们还有很多的工作要做，希望精英选手能够更加科学刻苦训练，不断刷新PB，肩负起冲击最高水平的重任。当然，这一切都要以科学、合理为前提，切不可不顾自身的客观身体条件和训练水平制定不切实际的目标、借助兴奋剂等非法手段提高成绩等。

"Conquer Fear，Conquer All"期待未来，有更多的人跑起来，也有更多的中国精英选手在国内外赛场上跑出高水平的成绩。

一个强迫症患者的自白：连续跑步 365 天是什么体验

　　每年夏天，身处北京的人们都感受着似火的骄阳。到了夏天，我的跑步时间会调整到早上 5 点或晚上 8 点后，配速和距离比其他月份也开始减少。有时候偶尔早上起晚了，而晚上又有活动时，也只能硬着头皮在午休的时候尽量找凉快点的地方跑。汗流浃背、感觉比较疲惫甚至有些痛苦的时候，也会思考一个问题：这么坚持跑步是为了什么？

　　说起坚持跑步，前面介绍过罗恩·希尔，这位出生于 1938 年 9 月 25 日的英国跑者，是历史上第二位跑进 2 小时 10 分钟的马拉松选手。他还有一项世界纪录，就是世界上坚持跑步最长时间的人。根据美国不间断跑步协会的规则，每天至少跑步 1 英里就可以参加跑步累积活动。希尔从 1964 年 12 月 20 日起至 2017 年 1 月 28 日，期间经历过车祸，经历过伤痛，经历过狂风暴雨，他都靠着强大的自控力和意志力完成至少 1 英里的跑步距离，保持了 52 年零 39 天。

　　52 年零 39 天，这个数字到底意味着什么？

　　说实话，最开始，我对它的认识就停留在天数上而已。咪咕善跑引进这个活动到国内以后，我自己也加入了"Run Everyday"的行列中来。2017 年 7 月 4 日是活动第一天，我从 7 月 5 日起参加。我记得特别清楚，开始的第一天是准备晚上跑，结果刚开始 1 公里就遇到了大雨，躲在操场看台下避雨的我，内心特别纠结：要不从明天再开始吧？第一天就遇到下雨，还是算了吧？经历过"痛苦地"内心挣扎之后，我在大雨中开始了跑步，昏黄的灯光下，脚步落在雨水里的不清脆但是坚定的闷响，至今还在脑海里难以忘怀。

万事开头难。第一天过去之后，慢慢地，一周、两周、一个月、两个月……每天还要提前预判一下自己的时间安排，实在忙，就先利用空闲时间跑完 1 英里。看着天数一天天累积，自己内心也有一种说不出的认同感，说到底，我想是对自己自律的一种自恋吧！

中间也出现了好多"有趣"的境遇。记得有一次早上，要坐国际航班出国，在就要安检前的一刻，我脑海中突然闪现出一个念头：今天的 1 英里还没有跑！十几个小时的飞行，到了万一没有时间跑，或者跑了没有及时连上网络的话，今天就断了！于是，我把行李寄存了一下，然后绕着机场和停车场之间的距离，跑了 2 公里，我还记得机场里的一些乘客和停车场维持秩序的工作人员的眼神，估计在想：这个人是忘记拿什么了吧，这么着急在跑？还有一次，也是飞机延误了 7 个小时，到达目的地机场时已经是晚上 11 点 20 分钟，出租车开出机场之后，我跟师傅说，师傅，我行李放在车上，我要下车跑 2 公里，有劳您在前面 2 公里等着我。当时师傅震惊了，估计以为遇到了精神病人，在大半夜的郊区，要求下车跑 2 公里。后来我跟他解释我正在参加这个跑步活动，师傅问我，有什么大奖吗，你这么坚持？我回答道，没有奖励，就是觉得前面坚持的放弃太可惜了。师傅笑了笑，继续开车了。

这样的故事还有很多，比如大年初一早上 5 点就爬起来跑步，比如穿着西服在会场周围跑步……回想起来，有些场景真的是挺好笑的。7 月 4 日晚上，我跑完 7 公里之后，看到数字到了 364 天，晚上竟然失眠了，第二天一早起来，就跑了 7 公里，365 天！坚持跑步 365 天，一年！那一刻，在收获了连续跑步 365 天的勋章之后，有一种仪式感，我在当天的朋友圈这样写道："越自律，越自由。不知不觉连续每天跑步不低于 1 英里已经 365 天，这一年的故事太多……科技改变生活，生活改变我们每一个人，我们每个人都在改变世界的同时，遇见最好的自己。加油，下一个 365 天！"

52 年零 39 天，我对这个数字有了不一样的认识。

回到最开始的问题：这么坚持跑步是为了什么？虽然有很多心灵鸡汤式的答案、哲学式的答案，但是我跑下来，最大的感觉就是，坚持下去，坚持下去，坚持下去，奔跑的过程，本身就是答案。

以上就是一个强迫症患者的自白。

RUN

第四章
你在犹豫时，别人已经开始

NING

　　成功的人都是不同的，条条大道通罗马；成功的人又都是相似的，自律、勤奋、坚毅是共同的品质，跑步也是其中之一。工作的缘故，结识了不少专业跑步运动员、热爱跑步的企业家、主持人、健身教练等，他们在跑步或者跑步之外的领域都取得了成功，跑步的故事也广为传播。为了让阅读本章的读者，特别是准备参与跑步的人有更多的亲近感，获取更多的故事，从"我们"身边选择了一些故事。"我们"中有学生、有白领、有企业家、有公司高管，"我们"中有已经跑步多年的，也有准备踏上跑道重新开始的，如何看待跑步？从中看到什么？"圣贤先觉之人，知而能之，知行合一，后觉所以效之。"人人都可以成功，下一个成功的人就是你。

将跑步进行到底

2000 年悉尼奥运会女子 20 公里竞走赛场上,最后冲刺阶段的场景现在回忆起来仍然让人热血沸腾,饱受膝伤困扰、通过三场选拔赛夺冠才获得奥运会参赛资格的王丽萍一举夺冠,拿下了一枚非常宝贵的田径金牌。赛后采访,那"和没有工作的妈妈一起分享奖金"的朴实无华的表达更是感动了很多人。

接触过王丽萍的人都会有这样的感觉,她是一个特别淳朴、热心助人的奥运冠军。1989 年 6 月,从小就在运动会跑步比赛拿冠军的她被凤城市体校选中,开始改学竞走。1991 年 4 月 11 日,踏上专业队训练第一天,就在公路上走了 16 公里,脚底已经磨破没有感觉,内心发誓第二天就要离开训练基地。也就是从这一天,开始了她的"王者传奇"之路。

退役后的王丽萍曾经远离运动场,不愿意去做任何运动,也不愿再回到田径场。她说,自己原本是一名在竞技赛场拼杀了 17 年的专业运动员,最终迫使自己离开赛场的是那久治不愈的伤病。最严重的一次伤病是 1995 年年底到 1996 年,膝伤已经严重到了每走一步就疼痛不止的地步。医生基本已经宣判她不能再继续高强度训练和比赛,在回到家乡休养一段时间后,凭着顽强的毅力,王丽萍又重新回归赛道。在那些年里,她对运动的理解就是拼尽全力去争取桂冠。

再次踏上跑道是退役五年后,王丽萍偶然在陪伴师妹去田径场跑步,感受到了久违的大汗淋漓的畅快,从此她回归了跑道,这时候她发现原来运动还有另一种方式,运动还有另一种感觉,运动还可以有另一种收获叫作"健康",于是她又开启了自己的运动生涯,从 5 公里,到完成半马,再次去尝试全马已经是恢复训练三年之后的事情了，这其中无数朋友约她跑全马，她都告知自己还没有准备好。多年的运动经验让她知道，对运动要有敬畏心。

为了把自己的这份理解和专业、科学的运动知识传播给更多人，王丽萍成立了"王者传奇俱乐部"，希望能够建立一个包括科研、康复和技术分析的团队，用科学的理念帮助跑者更加健康地跑步，特别要注意伤病的预防和康复。她希望更多的人可以"做自己的王者，续写人生传奇"。

王丽萍说，当下跑步的人群在不断地增多，跑步似乎真的成为很多人生活的一部分，但她做跑步培训这段时间以来，觉得太多人急于求成，太多人跑步的初衷在丢失，有些人开始不顾自己的身体情况盲目地追求成绩。王丽萍深知一个人的求知欲来源于心底，取决于心态，一旦踏上这条跑马的路，心态就会悄悄地发生着变化，最开始真的是为健康在运动，但 PB 之后就在不断为了满足"私欲"拼搏，所谓的挑战极限证明自己可以都被堂而皇之地当作借口，不断向自己的身体健康发起挑战。在王丽萍看来，运动本身就是为了拥有更加健康的身体，但有些人现在实际是在伤害自己的身体，她希望每一个跑者都能够爱惜自己的身体，珍惜自己的跑步生涯，运动不是不可以去 PB，但在追求不断提高成绩的路上拿自己的健康作为代价，那就失去了运动真正的魅力。

对于将要开始跑步的人，王丽萍特别强调，在跑步初期建立一个正确的跑步理念、了解科学的训练方法很重要，不要盲目地去跟风，也不要盲目地去跑马拉松，每一项运动都应该量力而行，都应该学会跟身体对话，和心灵交谈。她认为一个人从零开始运动会很难，但一群人在一起就很容易，希望每一个人都能加入到志同道合的跑步人群中去，和大家一起快乐、健康、科学地去跑步，让跑步伴随一生。

是不是每个人都应该加入到跑步行列中来？王丽萍认为，最重要的还是要听从内心，假如不喜欢跑步，强行让自己跑步意义也不大，运动的项目很多，关键是找到自己喜欢的。那些对跑步有好感的，或者还在徘徊犹豫的，最重要的就是打消恐惧跑步的念头，实际行动起来。

跑步不是一件难事，只要我们想要开始，那它就真的可以陪伴我们一生，成为我们的健康伴侣，可以成为我们生活中真正的一部分，一种习惯，一种生活方式。

希望每一个热爱跑步的人都可以将跑步进行到底。

和跑步来一场 52 年零 39 天的约会

"三月柳枝柔似缕"，随着天气的转暖，越来越多的跑者将开始自己新一年的参赛之旅，在跑步的道路上不断去挑战和突破自己。我突然想到一个问题，世界上不间断跑步时间最长的纪录会是多少？ 10 年？ 20 年？ 30 年？ 40 年？作为一个自认为把跑步当作生活方式的人，我认真回想了自己不间断跑步最长的时间，可能连续 30 天都没有。有时因为天气刮风下雨不跑，有时候因为工作缘故不跑，更多的时候是因为自己偷懒的缘故，或者说自己并没有那么逼自己，跑到第十几年了，基本上现在每周三次就觉得可以了。除了跑步以外，还经常去健身房，并且参加自行车等其他有氧的项目。我查询了美国不间断跑步协会（同时也是世界不间断跑步公司）的数据，发现这一纪录是 52 年零 39 天，而这一纪录的保持者竟然是我非常喜欢的罗恩·希尔。

希尔曾经是一名优秀的马拉松运动员。他出生于 1938 年 9 月 25 日，是历史上第二位跑进 2 小时 10 分钟的马拉松选手。他参加过奥运会，个人最好成绩是 2 小时 9 分钟 28 秒，并赢得过第 74 届波士顿马拉松的冠军、欧锦赛和英联邦运动会的冠军，还曾经是 10 英里（47 分钟 2 秒）、15 英里（72 分钟 48.2 秒）和 25 公里（75 分钟 22.6 秒）等项目的世界纪录保持者。他跟中国也有缘分，1981 年在香港举办的马拉松比赛中，以 2 小时 34 分钟 35 秒的成绩获得冠军，而这一年他已经 43 岁。除了跑步外，希尔还是一个学霸和成功的企业家，他获得了纺织化学博士学位并于 1970 年创办了同名体育公司，公司的跑步装备非常舒适，深受跑者喜爱。

根据美国不间断跑步协会的规则，每天至少跑步 1 英里才能参加累积。希尔从 1964 年 12 月 20 日起至 2017 年 1 月 28 日，期间经历过车祸，经历过伤痛，经历过狂风暴雨，他都靠着强大的自控力和意志力完成了每天至少 1 英里的跑步距离，和跑步进行了一次不可思议的约会。在 2017 年 1 月 28 日，他跑步过程中明显感觉心脏不太舒服，最终用时 16 分钟 34 秒完成。心脏一直有问题的他考虑到妻子、家人、朋友以及自己，放弃了继续每天跑步，他说为了健康，我要请一天假，这一纪录也停留在了 52 年零 39 天。

52 年零 39 天，一场超过半个世纪的约会。在钦佩希尔的同时，并不是希望人人都像希尔那样每天不间断地跑步，而是希望跑者们可以把跑步当成一个"约会对象"，跑得更长久一些。要实现这个目标，条条大路通罗马，但是，有两点要与大家共勉。

一是不忘初心。《华严经》这句经典的话放在跑步方面同样适用。石砚秀写过一篇文章，里面有这样一些话："怂，从心开始，Follow your heart ！这些年我领悟到的就是，爱跑步就是讲个坚持，怎样都别放弃跑步这件事，但是别太拼。跑步的人或许都经历这样的阶段，那就是忘记了最初我们跑步是为了生活得更健康更快乐。"她还在文章中分析了部分跑者不断追求更远距离、更高难度的现象。虽然可能大家跑步的目标不一样，比如有人把追求速度和难度作为超越自我的目标，目标本身没有错误，但一切的前提都是你能够体会到跑步带给你的快乐，健康，而且能够不厌烦，把跑步这件事情坚持下去，并且在奔跑的过程中，找到那个真正的自己。跑步的功能和价值多样，如果仅仅看到了速度，把跑步等同于参加比赛，不顾身体情况去追求一些表面的东西，那么就失去了初心。说到底，跑步是跑给自己的，是让自己健康和快乐的。

二是避免受伤。跑得长久一个重要的前提就是避免受伤。避免受伤是一个非常高的要求，尤其是放到 10 年、20 年甚至更长的一段时间来看。这不仅仅要掌握科学系统的热身和恢复知识、训练和比赛知识、饮食知识、心理知识，更为重要的是要对自己的身体状况和对外界的应激有一个清醒的认识和把控。比如，越野跑如何应对复杂的路况，比赛时突然下雨如何处理等。当然，长久跑步的话很难保证不受一点伤，但是要把受伤的概率降到最低，保护好自己。

当然，大家还可以通过参加跑团或与朋友相伴、记录跑步成绩等方式激励自己不断跑下去。

希望若干年后，即使两鬓斑白，我们还能够奔跑，还能够继续着跟跑步的这场"约会"。

成为一名更好的跑者

一名更好的跑者应该是什么模样？自律，勤奋，坚持，抑或热爱？有的人，通过刻苦训练取得优秀的成绩，成了更好的跑者；有的人，常年坚持，跑步伴随一生，成了更好的跑者；有的人，带动身边更多的人跑起来，成了更好的跑者……"一千个观众眼中有一千个哈姆雷特"，每个人心中对更好的跑者的答案可能都不一样。但可以肯定的是，只要每一个拥有独立灵魂的跑者，内心对此有纯粹的追求，就一定可以成为心目中更好的自己，也就是一名更好的跑者。

分享一个跑者的成长历程，从中或许窥得一二。

1989 年出生的赵冉毕业于北京大学，这位准 "90" 后曾经取得过 2008 年扬州鉴真半程马拉松冠军、2009 年世界大学生运动会半程马拉松冠军，2009 年至 2011 年上海马拉松半程项目三连冠，全马最好成绩 2 小时 17 分钟 53 秒、半程最好成绩 1 小时 2 分钟 57 秒。他是如何成为一名更好的跑者呢？

赵冉起步很"差"。接触跑步是因为年幼时体弱多病，父母只是希望身体瘦弱、经常感冒发烧的他能通过跑步提高身体素质。当时每天的训练对小赵冉来说都是一次严峻的挑战，但他一次训练课都没有缺席过，每年都会获得小学颁发的全勤鼓励奖。然而这样的坚持和努力并没有在竞赛成绩上体现出来，一直到小学六年级，他取得的最好成绩也就是海淀区运动会 1500 米的第九名。

赵冉也想过"放弃"。不断付出努力却迟迟没有回报，对于孩提时代的赵冉打击不小。他开始觉得跑步很枯燥，所有的一切都像在暗暗跟自己较劲儿一样，最难的时候也想过要放弃，但又觉得不甘心。整个小学时期，训练辛苦、成绩不佳却依然支撑着他的是一份在懵懵懂懂中被种下的热爱。他倔强地坚持着，独自踏出去的每一步，独自默默地发力，独自默默地超过身边的对手，独自默默地取得进步……所有的痛苦都是咬紧着牙关挺过去的，他把这种强大的力量叫作韧劲儿，扛得住压力，顶得住困难，就算在情绪非常低落的时候依然不会选择停下自己的脚步，只想埋头去做埋头去坚持。跑道来来回回一圈儿又一圈儿，被汗水湿透的背心儿一件儿又一件儿，那些脏了破了的运动鞋，那块每次训练最后冲向终点都想看一眼的运动手表……

赵冉迎来了"爆发"。机会就是在这样的坚持当中，慢慢到来的。在北京大兴一中战东林老师的教导下，赵冉终于迎来了爆发的时刻：北京市中学生运动会 1500 米和 3000 米冠军、全国中学生运动会 1500 米和 5000 米冠军……2007 年进入北京大学之后，赵冉开始转入万米以上的训练。平均每天跑 20 公里，训练四小时以上，还要兼顾好学业。虽然还是很累但他坚信自己可以做得更好。

纽约马拉松创始人之一弗雷德雷柏曾经说过："马拉松是一项有魅力的运动。它拥有一切。它有戏剧性，它有竞争，它有友情，有英雄主义。每一个参与者不可能都梦想成为奥运冠军，但他们都可以梦想跑完马拉松。"这句话给了赵冉很大的启发，马拉松的意义并不仅仅是夺冠，享受运动带来的快乐才是最重要的。2008 年他第一次参加扬州鉴真国际半程马拉松赛就跑出了 1 小时 2 分钟 57 秒的成绩；2009 年的世界大学生运动会，他抱着"我想赢，但是也不怕输"的状态，拿下了世界大学生半程马拉松的冠军。接下来的几年又加入了解放军八一队，这也使他在学生时代同时拥有了三个身份，北大学生、军人、职业运动员。赵冉说，人是要有些追求的。这三个身份于他而言，每一个都是骄傲与荣誉。从此坚定信念、努力拼搏不再仅仅是为了个人，更是为了无愧于自己的每一个身份和每一个身份所应维护的荣誉，所应取得的成绩，所应肩负的责任！

我问赵冉，你认为如何才会成为一个更好的跑者？

他说，人总要心甘情愿为了什么而去坚持。这种坚持既能穿破风雨，又能不顾时光。不管多少个日子叠加起来，你始终都在做这件事情。也不管曾经的你在做这件事情的时候，是有多么的无奈、多么的绝望，或者是多么的辛苦。你要相信，最后总会有一个好结果出现在面前。就如同跑步一样，所有人都知道每迈出去一步，就离自己的目标更近一步。也许现在所站的位置是看不到终点的，但只要一直跑下去，终点迟早会来到眼前。

通往更好的跑者之路是什么呢？是坚持？是改变？是不放弃？还是去重新塑造了一个自己？每个人的答案都会因为经历不同而不同，但只要踏上跑道，你我就离成为更好的跑者更近了一步。愿每个人在不久的将来都可以成为更好的跑者。

无体育，不清华：人生就是一场马拉松

尹西明，这个大家都亲切地称呼为"小明"，脸上永远洋溢着热情的小伙子，2011 年以河南平顶山市高考文科状元的成绩考入清华大学经济管理学院，是典型的"别人家的孩子"：国务院发展研究中心研究助理、美国管理学会会员、中国科协"未来研究会"创始会员、爷爷奶奶读书会联合创始人、"清华大学未来学者奖学金"和国家奖学金获得者，译著有《清华创新经典丛书·有组织的创新》，兼任清华经管学院本科生思想政治辅导员……除了这一连串的荣誉之外，小明传承了清华大学体育传统，先后联合创建了清华晨跑队、清华冬泳协会等，完成超过 40 个全程马拉松或国际越野赛、铁人三项赛，获得 2015 年国家体育总局八达岭长城元旦登高男子冠军，醒狮杯卢沟桥越野挑战赛连续三届男团冠军，2016 年山海关长城越野挑战赛男子 100 公里组亚军等，与爱人朱心雨被评为"清华 2016 学生年度人物"。这样的一个"小明"，会如何看待跑步？

"如果说过去几年的清华生活中，将会有哪一项活动或经历，会在我的一生中持续，并留下可以迁移的烙印，我想，除了学习这个本业之外，应该就是跑步了。记得我很多次，在日记里写下了类似的文字：晨跑，就如同读书、旅行、科研和恋爱等其他一切美好的事物一样，能让人懂得天道自然、率性而为，也让大家在追求内在意义的同时，逐渐摘下了沉重的面具，放肆地笑、开心地奔跑，而那句'控制了早晨，就控制了自己的人生；控制了体重，就控制了自己的事业'，似乎只是追寻快乐之路上的副产品。"当我向小明提出这个问题的时候，他如是说。

如何做好学业和跑步的兼顾？要知道，清华的博士读起来并不轻松。

"在清华读博的经历对于我们大部分人来说，是艰辛而又漫长的。期间的苦楚可能只有过来的人才能明白。这或许也是我不鼓励没有做好吃苦准备的师弟师妹读博的一个主要原因。如果你已经选择读博，或者正在为毕业而艰苦努力中，请你一定要坚持，坚持，再坚持。等你毕业后再回头看看走过的路，正如某位学霸说过的一样，'天空飘来五个字，那都不是事'。"小明引用了马协晨跑小分队一位队友"友哥"在一篇题为《早安·6点·清华园》的文章里，回忆起自己跑过的道路时，最先说的一段话。这段话，看似和体育不相关，却是一位毕业时穿着皮鞋和博士服，在大早晨跑过清华园时，发自肺腑的感受。

小明继续说，"经过跑步，经过马拉松的人，在每天都能获得正回馈的基础上，精神层面是绝对不一样的。比如来自不同学院的学霸浪浪、江峰、洋洋，以及来自桃李园、财务科等的老师队友，新入队的同学可能觉得他们每天跑那么多，还没事在群里灌水，真的是在搞学术吗？我相信他们一直这样跑下去，快乐下去，他们的'学术马拉松'会因为运动要容易很多很多。"

如何吸引不怎么运动的人踏上跑道？

小明认为，很多不怎么运动的人都会觉得，跑步，乍一听起来是一项既枯燥又有点傻的运动——因为没有花样，新鲜感也很快就会随着时间消逝。而热爱跑步的人，会像《魔戒》里说的"谁戴了魔戒，就会被魔力吸引着无法回头"一样着魔，这在不怎么运动的人看来，完全就是"疯子"。"疯子们"为什么起跑？

村上春树在他唯一一本写自己的书——《当我谈跑步时我谈些什么》中提到了萨默赛特·毛姆的一句话："任何一把剃刀都自有其哲学。"然后自言自语道："这大约是说，无论何等微不足道的举动，只要日日坚持，从中总会产生出某些类似观念的东西来。"在那本书中，村上春树记录了他每天坚持跑步十公里，以及跑步前后的"胡思乱想"，这一坚持就是四分之一个世纪。他把跑步"跑"成了自己最受欢迎的作品之一，从夏威夷到剑桥，从日本村上市到马拉松发源地希腊的跑道，从简单跑马，到参加铁人三项，村上春树对跑步的执念似乎比他写小说更甚。写小说很像跑全程马拉松，对于创作者而言，其动机安安静静、确确实实地存在于自身内部，不应向外部去寻求形式与标准。对于热爱跑步的人，大约也是这样的道理吧。

当然，小明特别提到了氛围对参与运动的影响。

　　清华是全国有名的"体校"，在这里，有一个完全不同的体育课——高三时，体育课总是被占用，而在清华，却只有体育课不敢翘，而且清华的体育馆永远都"人满为患"。清华园里有非常完善的体育设施和众多的体育社团平台，想学习任何一项体育技能，都会有人带你往前走。从跑步开始，小明先后涉猎了越野、登高、铁人三项、冬泳、羽毛球、网球、壁球、游泳、乒乓球、健身等诸多的运动，运动放松之后的清醒，让他在学习和读书中能够获得极大的定力，奔跑和学习的本质一样，都是为了成就更好的自我感受，和更好的身心状态，投资未来，创造价值。这也再一次验证了马约翰老先生说的"体育迁移理论"——体育运动中塑造出来的积极健康与团队合作等价值观和人格，是能力培养和知识传授的基础。唯有朝着阳光奔跑，才不惧黑暗——因为跑者无疆，跑者相信：跑着跑着，天就会亮了。清华的体育，教会了他在追求梦想和卓越的征程中，始终坚守着"再跑一圈"的挑战精神。因为清华的跑道，让他明白了跑道不止 400 米，"为祖国健康工作至少五十年"是无上艰巨但幸福的使命。

　　确实，人生不是一次百米赛跑，而是一场马拉松，甚至是要越过高山才能看尽风景的超级越野赛，有无数次"高考"般的挑战与难关，有欢欣时刻，更有跌宕起伏，但只要勇于走出自己的"舒适区"，不断追求卓越，培养自强不息的毅力与斗志，懂得厚德载物的合作与奉献，用积极乐观的心态享受奔跑的乐趣，终点的掌声就一定在前方等着你。

痛并快乐着：一个跑者的自述

　　2018 年 4 月 9 日凌晨，结束了与何平近两三周的交流沟通，这个从小开始马拉松专业训练，最好成绩 2 小时 12 分钟 53 秒的淳朴小伙儿，与我分享了他的成长经历和对跑友们的建议。

　　何平从 14 岁开始在黑龙江省绥化市业余体校训练，16 岁离开家乡到河南省省体工队二线队训练。在整个专业训练过程中，何平基本上都在与伤病做斗争。第一次受伤是刚到郑州的时候。回忆起刚到郑州的经历，何平说，那是七月份，非常闷热，训练的时候每次跑步都感觉脚底滚烫滚烫的，像踩在火炉上，训练结束后回宿舍都有脱水反应。不知道是怎么熬过骄阳似火的夏季的，不知不觉就迎来了进入专业队的第一个冬训期。由于他年龄小，在业余体校时期的训练也没有很大的强度，练到第 68 天，他得了跟腱炎，之后 40 多天的恢复期只能以身体素质训练为主。当时他看着队友每天训练，心急如焚，却只能每天晚上去医务室治疗，白天练身体素质，期待伤尽快好。2006 年是河南省的省运会年，何平在备战省运会 A 组比赛时由于赛前训练运动量过大出现了尿血反应，当时他很害怕，以为自己的人生才刚刚开始就要结束了。省运会前他又调整休息了四十天，赛前一周自己跑了 8 千米加 5 个 400 米，最终获得河南省省运会 A 组男子一万米第三名的成绩。省运会结束后何平就有了不练的想法，屋漏偏逢连夜雨，大运动量训练又导致髂胫束伤了，直到现在他还能真真切切地感受到当时着急、压抑的心情。直到 2007 年 11 月，他随着外训组的重点队员开启新的训练后，心情才慢慢调整过来。可是腿伤一直没好，当时他心里只有一个想法就是要给自己争口气。后来他随队去高原备战 2008 年 1 月 2 日的厦门马拉松，到高原后腿伤逐渐好转，经过系统训练，他参加了人生中第一场马拉松，在厦门跑出了 2 小时 22 分钟的成绩。接下来又在 2008 年 3 月 31 日郑开马拉松跑出 2 小时 17 分钟的成绩。正当何平在不断冲击好成绩的时候，下半年的北京马拉松却只跑出了 2 小时 19 分钟，没有达到预期，他心里很是压抑。越压抑越着急，他开始较劲，自己每天硬拖着疲惫的身体在训练，最终结果是一个多月后的上海马拉松没有跑完，中途弃赛了。后来经过不断调整，2009 年在厦门马拉松跑了 2 小时 20 分钟，大连马拉松跑了 2 小时 23 分钟，但是都没有再恢复到最好的水平。2009 年是全运会年，本来对何平来说没什么压力，因为在公布的全运会大名单当中没有他。就在陪着重点队员训练的最后两个月，他得到队里通知，全运会马拉松替补名单里有他。全运会取前三十名，替补两名，何平正好排名第三十二。人生真是充满着未知和惊喜，没有包袱的何平终于迎来了爆发，他以 2 小时 12 分钟的全马成绩获得了全运会第二名。

从 2004 年离开家到 2009 年全运会结束，中间只有 2006 年回过一次家，年轻的何平对家的向往与渴望可想而知。2009 年过年他如愿回家陪爸妈过了一个团圆年。假期结束后，由于在家完全没有训练，加上全运会心气儿还没过就和队友进入正常的训练状态，第一节课结束后髂胫束又伤了，这一次受伤很严重，错过了亚运会选拔赛。七月份伤病恢复后他开始跟着重点队员训练，第一节课就跑到口吐酸水。在这个漫长且极其痛苦的恢复训练过程中，他在 2010 年北京马拉松前最后一节课上终于恢复了状态，最终以 2 小时 16 分的成绩取得了国际第四、国内第一的名次，他特别感谢那个一直没有放弃的自己！

2013 年 6 月，何平选择了退役，到北京体育大学读书，在这个过程中，他看到马拉松项目一天天火热起来，越来越多的人参与其中，但是也看到不少人因为跑步受伤。他特别想用十多年来自己的切身经历做点什么。于是他选择了创业，传播科学跑步知识。

何平特别强调，他说了这么多自己的专业训练历程，特别是受伤的痛苦回忆，是想告诉跑友们：跑步训练是要讲科学和规律的，不是随意冒进、盲目攀比就能够达到自己想要的目标。他希望自己的经历能够给大家一些警示，要对自己负责，对运动敬畏，在科学训练的帮助下达到健康跑步、快乐人生的目的。

我问何平，你后悔当初的选择吗？他说："专业训练的经历磨炼了我的心智、强韧了我的意志，让我面对困难永远选择努力坚持，我很感恩。"是的，生命不息，奋斗不止，幸福一定是靠自己的奋斗获得的。

一位爱跑步的教授

于显洋教授从小就爱运动。小时候上学都是走路，每次快迟到时就会跑步；中学时代经常参加运动会；大学时期开始玩篮球，读研究生时开始踢足球；工作后爱上骑行。从 2002 年开始首次环青海湖骑行之后一直坚持了 13 年，组建了一个海安骑行俱乐部，第一次和第十年的骑行是环青海湖骑行，其间还骑行了东北三江平原、内蒙古大草原、八百里秦川、川渝麻辣红色之旅、纵贯广西（桂林至南宁）、山东蓝色海岸(青岛至蓬莱)、甘肃酒泉至敦煌之一带一路,温州－福安市－福州－泉州－厦门－汕头－汕尾－深圳之海上一带一路等。

说起跑步，每个人都有自己的理由，于教授自己切身感受认为有五点。

第一，跑步可以锻炼心肺功能，他认为心肺功能是人体健康的根本，是支撑工作与生活的主要动力。有人说考察一辆汽车的好坏主要是检验它的油电配合情况，而且使用过程中要注意油路和电路的通畅。如果把人比作一辆汽车，身体健康状况取决于心肺功能，即心脏跳动供血能力和肺活量的大小。跑步，即使慢跑一段时间之后心跳及呼吸就会加快速度，长久坚持，这方面的能力就会提高，而不至于突然遇事后无法应对。

第二，结交朋友，方便沟通与交流，随时都可能找到共同话题，易于形成共识，经常参加跑步的人性格大多都是开朗并乐于社交的。

第三，缓解压力、解决问题，跑步这事情，坚持一段时间，就很容易让身体发生变化。你先是爱上大汗淋漓后的轻松，接着会爱上自己渐渐紧致的身体，然后爱上自己变得纯净的发肤，跑步带来身体的变化微妙而强烈。这种变化，真的会抵消精神上浓烈的疲惫。

第四，相信跑步是一种生活态度，于教授非常认同西门子公司说的健康不是你的私事，而是你的义务，也是一个负责任公民的任务和职责。跑步也是一种对自己身体负责、对家人负责的态度。当跑步成为一种习惯，成为一种态度，你不再懒惰，不再负能量，也不再颓废，它逐渐成为你精神生活的一部分，然后我们就可以以健康的体魄和积极的心态去面对生活。

第五，自动打开危险开关，有危险着急就会抬腿跑。他引用克里斯托弗的话来说，"也许是因为人类心理存在着某种开关机制，意识到危险来临时，就会激活最原始的求生本能。人类天生就具有奔跑的欲望，需要做的只是将它释放出来。"

作为一名教授，于老师不仅身体力行，还要求自己的学生也要积极参加体育运动。他提到，最近几年，他要求跟他读研究生的学生必须经常跑步锻炼身体，在博士入学复试时，等他们面试、口试结束后都会让学生去运动场跑十圈。除了博士毕业的学术要求外，于教授额外加了一条：完成过一个半程或全程马拉松。这样他们平时就要多锻炼。为什么会这样要求学生，主要原因是过去经常带学生出差调研，逐渐发现学生的身体不适应，早晨起来都很晚，调研时要么走路跟不上节奏，要么经常显出疲态，精力不集中等情况。逐步熟悉之后才发觉他们基本不锻炼，或者很少锻炼，于是便开始要求他们锻炼身体，跑动起来。在说服别人跑步时，很多人觉得不愿意或者没有兴趣，觉得枯燥，在这种情况下于教授一般会带他们去奥森公园，让学生亲身感受这里跑步的气氛，然后鼓励学生连续不断跑步 21 天，养成跑步的习惯。

希望未来，热爱跑步的教授、老师越来越多，身体与灵魂一同修炼，越来越好。

专业体能训练工作者谈跑步

    我参加跑步和马拉松运动已经有近五年的时间。迄今为止，我从不把"跑者"的标签挂在自己身上，因为相比那些真正的跑步"发烧友"，跑步这项运动在我所有的运动生活中并没有占据非常重要的位置，但又无法割舍。我是一个体能训练工作者，其实我的跑步运动也是因为工作的职业性，让我不得不去尝试长跑，从最初的10公里、20公里，乃至完成一个42.195公里的全马。我对长跑运动的理解是："科学认真地准备，玩乐享受地参加"。

    如果你是一个跑步"发烧友"，看到以上的文字可能会觉得我的跑步有点"冷漠"，可能我的文字也不应该出现在一本跑步书中，但我觉得长跑运动当下在国内如火如荼地进行中，还真缺一些"冷漠"的文字去描述他，这不是真的冷漠，而是让更多准备起跑和刚开始起跑的朋友冷静理性地对待它。

    我最开始跑步是因为带一个跑团做马拉松的体能训练，我的工作习惯是训练的理论一定要和实践相结合，绝不纸上谈兵。为了更好地给大家的体能带来科学有效的帮助，我自己也随团队一起做体能和跑步的专项训练。除了运动科学的理论知识外，同样用身体去感受不同阶段不同能量代谢下身体的适应。从体能专业的角度来说，跑步体能的提高对于大多数非竞技人群，可以分为"专项基础力量训练""有氧代谢能力训练""向前移动能力动力链训练"这三个大方面。

    "专项基础力量训练"包含下肢的脚趾屈肌、股四头肌、股二头肌、臀肌、小腿三头肌、胫骨前肌这些在跑步中起到主动力输出的肌群，也包含核心肌群、上肢、肩胛、胸这些维持跑步基本姿态的稳定力量肌群；"有氧代谢能力训练"是指在不同强度下身体所主要用到的能量代谢系统，长跑运动主要运用的是"有氧氧化供能"，这其中包括肺活量、心最大输出量以及每搏输出量等这些能力，它们的综合能力决定了长跑过程中，血液向各肌肉中运输氧以及代谢运动中产生废物的能力；"向前移动能力的动力链"是指在跑步过程中，整个跑步的动作形成不是某一个关节或肌肉单独的运作，它是全身各个关节和肌群之间的一个配合，每部分都各司其职，任何一个部分能力不够就会导致其他相邻部分过劳，从而降低向前移动的效率，甚至导致损伤。而这个动力链输出能力需要有针对性的训练，不够灵活的地方就让它灵活，不够稳定的地方就让它稳定。

由于这不是一篇专门写跑步和体能的图书，我也只能笼统地介绍这么多，真要围绕这个话题可能需要专门一本书的空间来阐述，更何况现在市场上并不缺乏相关的专业书籍。如果你想开始跑步或是已经开始跑步，在体能方面，这些细节都要注意，并且不见得都去做了就一定会跑得比别人好。如果你是一个自认为身材还不错的跑者，你可能会发现在赛道上，你旁边跑的人也许是一位年过花甲的老者，或是一位脂肪含量明显比你高很多的胖人，他们甚至不经意间就已经赶超了你。这是因为每个人的身体运动天赋所体现的优势并不一样，拿我自身而言，我的肌肉类型特别偏向于爆发力，白肌纤维（快收缩肌）比红肌纤维（慢收缩肌）多很多，自幼从事更多的是篮球、网球、跳高等这些偏爆发力的运动项目。而长跑或马拉松运动属于长距离耐力项目，红肌纤维比例更多的人从事起来更轻松适合。在长时间的科学训练后，慢肌纤维和快肌纤维比例在一定程度上会有改变和适应，但不会改变先天基因的优势。所以我深知长跑这个事儿，我的身体并不擅长，也从不追求完赛成绩，我在马拉松运动中追求的是享受沿途的风景，和完赛后与大家一起庆祝的喜悦。每次马拉松赛后我都希望身体在拉伸放松后无任何明显肌肉代谢和损伤反应，休息片刻后就可以在纽约曼哈顿大道上漫步，就可以去布拉格查理大桥旁边的咖啡厅小憩一会，或是在夏威夷浅滩的珊瑚中慢慢地穿游。这么说并不是想打击那些想跑出好成绩的朋友们的积极性，而是希望不同人群正确地认识自己的跑步状态。因为对大多数人来说跑步并不是为了竞技，而是一种健康的活动，竞技为了追求成绩可以做到极致，但健康的活动一切以健康和可持续为前提，没必要追求极致。

跑步运动在国内如此火热，正是因为它的加入门槛比较低，开始跑步的确简单，你只要有套运动服和跑步鞋子，出门就可以开始。但它也没有大多数人想得那么简单，因为以上我说的那些体能专业角度的细节都是客观存在的事实，想一直健康地跑下去就要"科学认真地准备"。跑步也不一定就跟马拉松运动画等号，参加马拉松比赛不一定就是跑步运动的唯一目标，也许在旅行的过程中慢跑 5 公里可以更好地领略异国他乡的市井风貌，同时也有益身心健康。所以我建议大多数参与跑步的爱好者们以"玩乐享受"的心态去参与，毕竟能跑出 330 以内的全马成绩或是 140 以内的半马成绩的是少数人，自己与自己的健康竞赛就好。对待跑步运动，保持热情的同时稍微"冷漠"一点，"科学认真地准备，玩乐享受地参与"。

（文／刘佳）

在跑步中找寻自己的乐趣

每个人的生命都只有一次，很公平；每个人都面临第一次做人，很有趣。人生就像一趟旅行，是快乐？是苦楚？就像鞋是否穿得舒服，只有脚知道。

天生我才必有用，按马斯洛需求层次理论来说，每个人都处在生理需求、安全需求、社交需求、尊重需求和自我实现需求的不同阶段。每个人都在时间和空间中求索属于自己的美好生活梦想，是幸福？是遗憾？就像饮水，冷暖自知。

跑起来，很容易，但坚持跑起来，就没那么容易。我有两段坚持跑起来的经历，第一段是小学三年级，学校组织"跑去月球"的活动，当时没有计步工具，只能靠自觉把每天的跑量填在表格里并由证明人签字确认。当时一想到每天得早早起床，喊上邻居、同学并在睡意蒙眬中慢跑的场景就发怵、腿软，只希望活动能早些结束，早日回归属于童年的被窝。这场活动坚持下来，竟然发现自己有跑步的潜力，特别是中长跑。第二段是 2015 年咪咕公司独立运营，把互联网体育作为战略突破方向之一，我迷上咪咕善跑的"Run Everyday"活动，最长连续坚持过 233 天，我间断过四次，中断了再从头开始，体会到持之以恒的不易及从头再来的艰辛。

"Run Everyday"活动，让我找到了碎片时间运动的乐趣，不少人常说每天用于学习、生活、工作的时间都不够，哪有时间运动？其实关键在于把运动贯穿在学习、生活、工作中。比如，我每天上班都爬楼梯；上班都站着办公，空余时间利用办公室桌椅或会议室座椅活动筋骨；我的公文包又大又沉，随身携带，就像举铁运动；出差坐高铁，我有近半时间在车厢里做徒手活动，或下蹲或拉伸……其实跑也好、活动也好、健身也好，只要动起来，坚持下来，一旦形成习惯，你就会自律，就会有充实感、成就感。

　　人生最大的对手是自己，人们需要改变的首先是自己。想要认识自己，让灵魂更有力量，那就先跑起来，在跑中感受自己的呼吸节奏；在跑中学会和自己的思想交流；在跑中体会汗水带走烦恼、忧虑的惬意；在跑中超越一个个小目标；在跑中挖掘自己的潜力。相信每个人的小宇宙爆发之时，必是自己信心爆棚之日。

　　这是一个充满竞争的大时代，只有快速奔跑，才能确保留在原地，才能有机会向前挺进。

　　奔跑吧！让今天更有趣！

（文 / 颜忠伟）

放松、执行、坚持

感谢旭东对我这个哥哥的信任！先给自己列了下面这些提纲，以便引领自己的思绪，回到赛道、回到田径场，回归山野、回归自我。

缘起

我从小喜欢踢球，从小学三年级一直到现在，四十几岁的人了，每周依旧固定时间固定地点参加训练，还请了全国第一届甲级联赛的最佳射手和最佳运动员朱指导做教练。他每年参加上海地区的全国校友联赛，搞得很正规。但是，我从来不喜欢跑步，原因也很简单，太累，太枯燥。以前在大学校队训练的时候，我们在土场上挥汗如雨，田径队的队员在边上一圈一圈地绕。有一次我问一个同年级的田径队员，你们要求跑多少圈？"40 圈。"说着，哥们儿跑远了。"40 圈？一定是疯了。"心里想着，我继续踢我的足球去了。400 米，对我而言，是个很长的距离。大学毕业以后，有一段时间，体重上升到 150 斤，为了减肥，在学校踢两个小时的足球，然后跑两圈，800 米，在我心里，那已经是很了不起的壮举了。部门里有一个小伙子，刚来面试的时候说他每天跑 8 公里，我立刻把他敬为天神，现在这位小伙子去雀巢做了大中华区的采购副总裁。

改变始于 2015 年 5 月份。公司在南宁开年会，同房间的同事呼噜太响，到了早上五点多，想想出去转转吧，结果在酒店外湖边看到很多人围着湖跑步，自己跟着连跑带走跑了 5～6 公里。这就是我的第一次长跑，真得感谢打呼噜的同事。

回公司后，同事去健身房，非要拉着我。我怕无聊，带了个平板电脑，下载《一仆二主》，一边看电视剧，一边跑跑吧。电视剧一集大概30多分钟，就跑一集吧，边笑边跑。就这样，每天中午，我看一集电视剧，跑30分钟，5公里，定时定速。跑了几次，听跑步的人说5公里很短，很多女孩子都是直接跑十几公里的。脑子里就想，那我就看两集电视剧好了。从那天开始，我每天中午跑1小时，10公里。

就这样，每天10公里的日子开始了。

眼界

在那年，偶然也是必然，遇见了旭东。本来我就非常喜欢体育，喜欢从事体育事业的人，但之前没有这么近距离地接触。但开心的是我们一见如故。

旭东介绍了国内马拉松的发展态势，告诉我们马拉松这项群众体育运动已经触底反弹，有越来越火的趋势。华伟当时提出了一个激励人心的想法，我们几个兄弟，能不能建一个马拉松微信群，大家争取都跑一次马拉松。"跑一次马拉松！"，那将是多了不起的事，我连400米都不想跑，能跑42.195公里的马拉松吗？

我问旭东，"我能跑马拉松吗？""当然能！"旭东坚定而冷静地说。旭东说，"你每天跑8到10公里，周末跑个长距离就可以了。你今年7月份先参加一下世界田径世锦赛的大众10公里跑。"

这真是一个梦想，一个令人发狂而激动不已的梦想。在这个梦想的支持下，我被拉进了群，拖下了水，一直跑到现在。

门槛

一个国家，一项运动的水平高不高，要看三样东西：一个是参与运动的专业人员基数，一个是专业的训练与比赛理念以及实践体系，最后一个是能够确保符合该项运动专业理念与实践可以达成的相关机制。中国的乒乓球水平为什么高，对照一下就知道了，现在几乎每个人都会打几下，理念与实践体系领先世界，人们重视并且懂乒乓球。足球呢，恰好相反。无论何事，会则不难，不会则难。

马拉松呢，在我看来不同于乒乓球，更不同于足球。我说的是 2015 年之后的中国马拉松。首先，从率先带领起跑的中国企业青年管理层开始，到现在已经有了至少 2000 万到 3000 万的经常保持锻炼并且接受过正确训练与恢复理念的长跑爱好者。其次，现在中国关于马拉松训练的比赛理念与实践的认知，是站在了巨人的肩膀上的，所有传承下来的、最新涌现的训练法、恢复法和相关器材、书籍，可以说是与时俱进的。最后，马拉松及相关的群众体育管理部门年轻、开放、善于学习、勇于创新，让你只感觉到了支持与发展，很少体验到约束与封闭。

我的马拉松也是如此。旭东是我跑马拉松的启蒙老师，这是我的幸运。周一到周五每天 8 到 10 公里，周末一次长距离。这样的言简意赅，一语中的。

训练

一个人跑步是挺难的，难的事坚持做了才有意义。话虽这么说，还是挺难的。尤其是晚上七八点到家，忙乎完其他的事，到了九十点钟了，困了，但是一想今天的训练任务还没有结束，跑呢？还是不跑呢？还是跑呢？还是不跑呢？还是跑吧。

从 2015 年世锦赛大众 10 公里到 2017 年港百，一个人的训练是孤独的，单调的。我跑遍家里小区附近二十公里的不同线路，也跑过了所有我出差所到过的国内国外。一个人的训练是幸福的，安静的，没有人和你说话，于是就多了自己和自己的对话。跑步的时候，是观察自己内心的时候，和做期货交易一样，和足球比赛一样，和读书一样。

2017 年港百之后，经另外一位老师介绍，我认识了唐老师，开始跟唐老师进行每周训练，从此我不再孤单，因为有了老师。从这以后，我每周根据老师的训练计划，固定的三次合练，两天自修。榜样的力量是巨大的，而团队的影响与鼓励也是非常有帮助的。

跑步不能没有老师，而我就遇到了很多好的老师，这真是我的幸运。在这里也提其中的三位吧。

第一位就是旭东，热情、专业。

从 2015 年开始到现在，我的第一次正式比赛，第一次马拉松，第一次百公里，都是在旭东的指导下完成的。平时的训练、伤病治疗和恢复，也都是在旭东不厌其烦地指导下进行。

不只是我一个人受益。我邀请旭东参加了可口可乐公司集团采购的年会，在年会上，旭东给几百人做了有关体育与健康的讲座，在场的人都震撼不已。从那次年会起，很多可口可乐员工和供应商都开始了体育锻炼，这就是国家积极推广和发展群众体育活动的一个缩影和一个示范。

旭东是个有趣的人，平时不会经常出现，但在你需要他的时候从来都不会缺席。

第二位是张路平老师，宽厚、豪迈。

在我刚认识旭东的时候，我问旭东有什么跑步的书可以推荐，旭东说找张老师吧。我冒昧加了张老师的微信，提了我的要求。张老师爽快地答应下来。没过几天，我就收到了张老师寄来的书。

一年半多一个人摸索奔跑的日子里，我靠的就是张老师送我的这两本书来指引。

第三个位是唐宝军老师，睿智、严厉。

经盖老师介绍，我认识了唐老师，开始跟着唐老师训练。从这以后，自己第一次有了正规的训练计划和练习。其实自己不好意思提再跟着唐老师训练，因为唐老师的弟子中高手如云，我实在是不成器，水平太差。

唐老师对我并不严厉，但他对体院队员的严格管理与要求让我切实感受到了唐老师的严厉与负责。看看那些跑得飞快还被骂的小伙子们，边上没有被要求却没有做什么的我感觉到脸上发烧，不敢不老老实实训练。

朋友

通过跑步认识的朋友就太多了。最可贵的还是跑步的人自律，能吃苦，也比较简单，相处起来容易。

像丹哥和小蔡这样的朋友，那便是一辈子的朋友了。

健康

跑步之后，我慢慢地从最胖时的 170 斤，降到了现在的 140 斤以下，这个是我大学入学时的体重。在年会上我给大家展示了前后的对比照片，在场的朋友都惊叹不已。

跑步以后，精神比从前好多了，中午吃完饭也不困了。

就像旭东说的，健康是可以通过自己的努力得来的。要想健康很简单：迈开腿，管住嘴。

精神

跑步之道，贵在自律，贵在坚持。跑步成绩的提高，意味着对于痛苦承受能力的提高，意味着自身能量转换能力的提高。跑步，就像人世间所有的学问一样。你如果想超越自己，就只能放下自我，去一点点测试并突破自己的极限，慢慢地把自己提升到一个新的高度。

跑步，带给你的不只是身体的健康，更是一种追求，一种精神。

循序渐进，持之以恒。愿你早日遇见最好的自己。

（文 / 张立龙）

让身体和心灵都在路上，别做油腻猥琐男

旭东哥那日邀请我聊一聊对跑步和运动的一些看法。坦白说，这个话题像雷电一般击中了我，我想那种百感交集在一定意义上也代表了一大批人的状态。

想来，跑步、运动这个事情对我来说就跟写作一样，要追溯到十年前了。那时青春年少，风华正茂，运动对那时候的我来说，是最自然不过的。除了每周一次的体育课，篮球、网球、游泳、夜跑，一个都没少，激素分泌是自然散发的状态，身体机能处于巅峰状态，每天不运动不跑步，身体都难受。

十年，仿佛一夜之间，快到吓人。曾经的脸变成了"月佥"，曾经的腰变成了"月要"，曾经的腹肌从八块变成了居中的一大块，这十年发生了什么，工作事业在上升，通往中年油腻猥琐男的曲线仿佛也在同步上升。除了工作、应酬、吃喝玩乐，运动健身项目一个没有，激素退散，代谢减缓，每次跑步都气喘。

有段时间，冯唐的那篇《如何避免成为一个油腻的中年猥琐男》，一度刷屏朋友圈，引来一阵唏嘘。油腻这词，联想到的第一形象就是胖，然后是毛发稀疏等那一套立体的描述。翻看照片，看到曾经帅气的自己，也曾暗下决心，减掉身体的三分之一回到过去。

我认真分析了当时自己的状态，白天工作忙碌，晚上回到家还得加班进行电话会议，工作特殊，基本没有周末，偶尔还要应酬喝酒。给自己定了个目标是每周三次运动，主要项目就是跑步、跳绳，买了全套装备，运动服、运动鞋都是两套，可以说是下定了决心。第一个月，严格执行，每次跑完都像完成了什么了不起的事情，打卡发个朋友圈，现在想来也是可笑。

一个月后，妥协到每周一次，也不知道是哪一天起，运动服、运动鞋就收了起来，或许就是一次出差的间隙，或许就是某一天开会晚了没下去跑步。这习惯放下了就再也没捡起来，每次出门前换鞋子，看到那双失宠跑鞋，仿佛在幽怨地问我什么时候准备从冷宫把它召幸一下。

日子很快，婚后面临了更多的压力，拼事业，照顾家庭，房贷车贷，教育费用，更频繁的应酬和出差……年龄继续上升，基础代谢继续下降，仿佛跑步越来越没有时间。体重已经八年如一日恒定在 80 公斤了，怎么办？那一颗不死的减肥心，介意自己成为油腻猥琐男的形象！

那买个跑步机吧！一定要买个好的，让自己心痛，更有动力去跑步（参考那些报健身房办卡朋友的心理），鞋子也把几年前就 9 成新的换成更好的。一切准备就绪，大干一场的架势，简直热情高涨！

结果没错，跟大家想得一样，跑步机插电之后总共跑了大写的三次，跑鞋近乎全新，跑步机，变成了跟大家一样的晾衣架。2017 年春节夫人家寄来了腊肉，嗯，挂腊肉还挺方便。我仿佛讲了一个笑话给同事们，笑料一整年。前几个月搬家，跑步机被二手闲鱼卖了，作价三折。写到这里，脑门后仿佛有个平底锅"咣咣咣"拍了三次，脑瓜子嗡嗡作响。

小楼一夜听春雨，虚窗整日看秋山。

2018 年春夏更替到秋冬转接，这期间身体出现了两次大的抗议，痛苦难耐，遭遇了身体和精神的双重折磨。去看老中医，想着身体可能需要调理了。老中医以极快的速度做了诊断，狠狠地给了我一个结论。你这三十岁的身体，六十岁的状态，你现在先不急着调理，回去，每天跑步四十分钟，清淡饮食，先跑半年再过来。

我的身体正给我抗议，它到了最危险的时刻，它向我发出了最后的吼声。

旭东哥的这次约稿，就像最后的通牒，让我好好地反思了一下自己过往的状态。其实我很清楚，现在有大量像我这样处于这个状态的人，这已经成为一种社会现象。社会的中坚力量群体，正处在一种很危急的亚健康状态，可能扯得比较远，如果上升到一种民族状态，那是让人后怕的。好在有旭东哥这种从高处出发推动国民运动，引领向健康前行的人。

从约稿开始，就说不限制文体，可深可浅，可碎碎念。封笔十年了，没想到动笔写的就是心塞的回忆，权当一笑了，相信看完大家都会会心一笑，想到了自己。

　　这篇文章写完，就下去跑步了，后面再补上一点浅浅的感悟吧。

　　听多了管住嘴迈开腿，自律给我自由的言论，说到底，也是大道理谁都懂的问题。君子慎独，不欺暗室，更广义地来看，人行于世，大到修身养性，小到运动健身，都需要这种品性。所谓君子慎独，单说跑步运动这个事情，还是得自律，毕竟这个问题说到底，你不是做给别人看，你所有的理由都是在给懒惰找借口，属修行不够。

　　岁月的洗礼，留给我们的不只是生活的阅历，还有时间的风霜。大的环境不提，于个人，我们都要动起来了，愿每个负重前行的人都能少一点油腻，多一些健康，身体和心灵都要在路上。

（文／赵东辉）

跑步是修行的过程

2005 年，公司首次突破 100 亿，我的工作压力也陡然增加。每天的工作安排以 10 分钟为单元计，平均每天的工作时间超过 14 小时，疲于奔命。压力之下，吃得多，睡得少，毫无时间锻炼身体，结果不可避免地呈现了"过劳肥"的状况。那一段时间，王石每次见到我，都会说"你怎么又胖了"，感受很不好。

2006 年 9 月，公司安排我赴麻省理工进修，宿舍在查尔斯河边上。那里从早到晚都有人在跑步，受此影响我也买了装备，加入了长跑大军。徐志摩把马萨诸塞州称为"满山秋马州"，在马州迷人的秋天里，沿着美丽的查尔斯河跑步是一件很惬意的事情。慢跑径设置得很人性化，跑道是适合跑步的泥土路或沙石路，沿路还设置了不少公用的直饮水装置。每年都会有一些大机构以公益的形式组织各种都市慢跑活动，使整个城市充满了运动的氛围。

2007 年 4 月，王石主席专门来波士顿看我，并为我当时在哈佛和麻省理工的招聘活动站台。4 月 16 日，我陪同他外出，上街后才发现交通管制，我们才知道那天是波士顿马拉松赛。王石很好奇，问我波士顿马拉松赛是怎么回事。那时候还没有微信，我利用陪他拜访客人的间隙，打电话回国找一位朋友请教，这才知道波士顿马拉松赛自 1892 年开始举办，是历史最悠久的城市马拉松赛，即使发生战争也没有停办过。

第二天上课，我发现一位日本同学参加了这次的马拉松赛。教授提议全体同学都鼓掌向他表示祝贺。这是我第一次真切地感受到马拉松的魅力，马拉松赛，其实离我那么近。

2007 年下半年，我回公司上班后，把跑步的习惯也带回来了。虽然每天依然很忙碌，压力也大，但加完班后，跑上一阵子出身汗，倒头就睡，睡眠质量和效率都得到了提高。第二天的精神状态和工作效率跟一年前相比，有了很大的提升。后来才知道，养成运动的习惯后，会分泌"多巴胺"和"内啡肽"，两天不运动就会不舒服。从此，长跑就成了我生活中不可或缺的一部分。

迄今为止，我已经完成了包括六大金牌比赛在内的大满贯，共 12 个全程马拉松和无数个半程马拉松赛。

2010 年开始，万科在公司内部推行"阳光健康"的运动文化。当时还是总裁的郁亮主席发起针对城市白领养成运动习惯的"城市乐跑赛"和"以跑者为中心"的"深圳大鹏新年马拉松赛"。作为当时的万科长跑协会主席，我负责最初的组织筹办工作。

正因为我们本身就是跑者，所以在筹办这些健康活动时，始终坚持把跑者的体验放在首位，尤其是深圳大鹏新年马拉松赛。除了不设奖金之外，其他赛事安排都是比照着我以往参加过的六大金牌赛事来组织。比如：从柏林马拉松赛借鉴了街头乐队，从东京马拉松赛借鉴了医生跑者，从波士顿马拉松赛借鉴了提供盐丸等。其中有很多的借鉴在国内的马拉松赛事中还是第一次。

也正因为如此，才让万科创办发起和举办至今的城市乐跑赛成为全国参与度最广、影响力最大的全民健身活动。目前，乐跑系列赛事已发展成为包括为培养城市白领运动习惯、倡导企业关心员工身体健康的城市乐跑赛，促进邻里和谐和、亲子互动的社区乐跑赛，为大学生建立职场健康运动文化的大学乐跑赛以及为大众跑者服务的精品马拉松赛事在内的乐跑全系列活动。截至 2018 年 9 月，乐跑系列赛事已在全国 60 个城市举办超过 350 场，约 70 万人次，15000 家企事业单位，5 万个家庭及 14 所高校参与。其中，由万科发起主办的"新年马拉松"赛，已经成为跑马圈公认的精品赛事。也正因为筹备城市乐跑赛和新年马拉松赛，我认识了方旭东。他给我的第一印象是一位懂行、接地气、能理解跑者和主办方需求的人，后来我们一起参加过一些赛事，他的低调务实，验证了我的第一印象。认识的时间久了，发现他还是一位群众性长跑运动的推动者。除了日常工作外，笔耕不辍、苦口婆心普及长跑知识。

跑步：充满着神秘能量

说起跑步，也是有些年头儿了，高一的时候为了长个子报名参加了学校的篮球队，坐了一年的冷板凳后终于被踢出局，于是高二又报名了学校的长跑队，那会儿每天早上 3 到 5 公里的训练算是给后来打下了些基础。但是在那过后就再也没有系统地练过，隔几年偶尔凭兴趣参加一两场半马或是迷你铁三打打酱油，算是很不认真的一种爱好。

直到 2014 年被大 A 带动，报名了北京马拉松，首次挑战 42.195 公里的全马。那一次我 2 小时出头跑完了半程，无知地以为会毫无悬念地完赛，但是最后 15 公里时出乎意料又在情理之中的、越来越严重的关节疼痛和肌肉抽筋让我遗憾地以 6 小时 10 分钟的成绩惨遭关门，记得我咬着牙走到 41 公里处时，已经是 5 小时 57 分了，看着一幅"一生总要完成一次"的横幅挂在路边时我眼泪都急出来了，所以说"No pain, no gain"这句话一点儿都没错。跑步这件事儿没有捷径，没有秘诀，只有坚持不懈地训练。

后来为了弥补这个首马未完赛的遗憾，买了几本朋友推荐的书，自己琢磨着开始慢慢地训练，也不断请教身边的跑友，汤辉、阿亮、明岩、牛超、党旗等大神们都给了我很多建议。我那几年一口气跑了几十个马拉松和越野，全马成绩逐步提高到了 4 小时，还分别完成了首个 70.3 铁人三项赛和百公里越野赛。

因为参加了叶钊颖和沙宝亮发起的 YES 跑团，我有缘结识了旭东，我们俩一见如故，一起跑了很多场赛事。他比我厉害得多，总是指点和鼓励我，从鼓励我 PB 到鼓励我破 4，甚至还说我可以破 3。记得有一次我在杭州参加了 50 公里的越野赛，第二天一早又赶到苏州和他一起跑金鸡湖半马。那次连续作战，身体实在吃不消，他陪着我一路苦撑，帮我取水和补给，不断给我鼓励才让我得以熬到了终点，将近用了3小时，那次我也成就了他的PW。

后来去中欧读书的时候，更是因为跑步结交了太多有趣的灵魂，他们的自律和坚持让我更加懂得做一名严肃跑者的意义，让我更加热爱这看似枯燥的运动，我们一起拉练、一起跑马、一起上戈壁，跑步成了我们之间建立和发展友谊的一种充满着神秘能量的默契。

这次受邀让我写一些跑步的感受给旭东的新书，我十分意外但更感万分荣幸。我觉得，也许每个人都有不同的理由去跑步，对我而言，有时候我会因为朋友相约去跑步，有时候会因为缓解压力或是寂寞而去跑步，也有时候只是因为想去跑步而跑步。我以前喜欢满世界地参加赛事，欣赏各地的风景、体验不同的文化，结识不一样的人。而现在则更喜欢选择在居住的城市里夜跑，和自己对话，每次跑起来总会发散地思考一些问题，不一定有答案，但是会让自己更加不断靠近答案。

人到中年，我们拒绝颓废拒绝沉沦，我们希望保持年轻的心和健硕的体格，毕竟一辈子还长，我们希望可以一直奔跑在路上，不断超越自我，超越梦想，聆听自己内心的声音，找寻问题的答案，追寻心的方向，去做更好的自己。

跑步这些年，最让我难以忘怀和珍惜的就是因为跑步而遇到的那些人和事儿。最后，感谢旭东这么多年为影响和鼓励身边人开始跑步所做出的奉献！

（文／郑丹）